2019年度教育部人文社会科学研究青年基金项目"网络学习空间在线临场感模型建构及应用研究"（项目批准号：19YJC880095）资助

数字时代的
混合学习

在线临场感理论框架

吴祥恩　著

中国社会科学出版社

图书在版编目（CIP）数据

数字时代的混合学习：在线临场感理论框架 / 吴祥恩著 . —北京：中国社会科学出版社，2023.5

ISBN 978 - 7 - 5227 - 1471 - 4

Ⅰ . ①数…　Ⅱ . ①吴…　Ⅲ . ①网络教育—研究　Ⅳ . ①G434

中国国家版本馆 CIP 数据核字（2023）第 031497 号

出 版 人	赵剑英
责任编辑	赵　丽
责任校对	王桂荣
责任印制	王　超

出　　　版	中国社会科学出版社
社　　　址	北京鼓楼西大街甲 158 号
邮　　　编	100720
网　　　址	http://www.csspw.cn
发 行 部	010 - 84083685
门 市 部	010 - 84029450
经　　　销	新华书店及其他书店

印　　　刷	北京明恒达印务有限公司
装　　　订	廊坊市广阳区广增装订厂
版　　　次	2023 年 5 月第 1 版
印　　　次	2023 年 5 月第 1 次印刷

开　　　本	710 × 1000　1/16
印　　　张	13.25
插　　　页	2
字　　　数	201 千字
定　　　价	75.00 元

前　　言

近年来，随着互联网＋、云计算、大数据、人工智能等信息技术手段加速与教育教学的深度融合，信息技术改变了教学活动的各项要素，引发了教学方法、教学工具、教学内容等各个环节的深刻变革，对教育教学生态进行了重构，同时也推动了教育模式和学习环境等领域的全面创新。2012 年 MOOCs 风暴在全球范围内掀起了在线教育的建设浪潮，将线上学习推上了一个新的高度，并迅速成为高等教育改革和在线教育实践的热点。线上学习在时间以及空间等方面的优势，让学习者具有很大的方便性和灵活性，越来越受到教育界的关注。在全球范围内线上学习已经成为重要的学习方式，为不断增长的高等教育规模提供了便捷的入口以及越来越多的数字学习机会，如学习分析、基于能力的教育和适应性学习等，正在被学习者接受。

2014 年国内 MOOCs 平台相继上线，MOOCs 的出现为线上学习提供了大量优质的教学资源，其衍生的 SPOC 在全球范围内进一步促进了高等学校在线课程的教学应用。2015 年中国教育部出台了《关于加强高等学校在线开放课程建设应用与管理的意见》，明确提出在十三五期间建设 5000 门精品在线开放课程①。2016 年美国有 580 万在校大学生新注册在线课程完成学习，78％的高等学校将线上学习作为

---

① 教育部：《关于加强高等学校在线开放课程建设应用与管理的意见》（http：// www. gov. cn/xinwen/2015 – 04/28/content_ 2854088. htm）。

一项长期重要的教学战略①，74% 的学习者认为线上学习的效果等同或好于面对面的教学效果②。2017 年新媒体联盟《地平线报告》指出当前高等教育改革的关键是深化学习方法、关注学习测量、重新设计学习空间、混合学习设计、合作学习、重新思考教育者的角色③。

2019 年教育部颁布《关于一流本科课程的实施意见》正式提出国家、省、校三级混合式一流课程建设，明确了未来 3—5 年将建立 6000 门左右的国家级线上线下混合式一流课程，同时省、校两级也要建设相应数量的混合式课程④。可见，基于在线开放课程的网络学习空间已经成为普通高等学校网络学习社区的主要形式，而基于在线开放课程的混合学习则是普通高等学校最主要的教学方式之一。

关于混合学习的应用，目前被普遍接受的观点是柯蒂斯·邦克的定义，即面对面教学和线上学习的结合⑤。面对面教学是在固化的教学环境、严谨的教学流程以及群体性的社会支持下实现的，而线上学习则具有灵活的时间安排、自由的学习环境、随时随地的访问学习和快捷的交流互动等优势。从教学效率上讲，面对面教学属于直接教学，它具有社会性的"人和"优势，线上教学具有"天时"和"地利"的优势，它能够突破时间和空间的限制。两者之间的优化组合促进了混合学习的"天时""地利""人和"，提升了在线课程的教学效果。

混合学习的"天时""地利""人和"优势并不是自然形成的。

---

① Babson Survey Research Group, "2016 OLC Year in Review: a Year of Acceleration & Growth in Online Learning" (http://info2. onlinelearningconsortium. org/rs/897 – CSM – 305/images/2016%20Year%20in%20Review%20Infographic. pdf).

② Allen I. E., Seaman J., "Changing Course: Ten Years of Tracking Online Education in the United States", *Sloan Consortium*, Vol. 43, No. 3, 2013.

③ 殷丙山、高茜：《技术、教育与社会：碰撞中的融合发展——2017 高等教育版〈新媒体联盟地平线报告〉解读》，《开放教育研究》2017 年第 2 期。

④ 教育部：《关于一流本科课程建设的实施意见》（http://www. gov. cn/gongbao/content/2020/content_ 5480494. htm）。

⑤ 詹泽慧、李晓华：《混合学习：定义、策略、现状与发展趋势——与美国印第安纳大学柯蒂斯·邦克教授的对话》，《中国电化教育》2009 年第 12 期。

对于教育者来说，面对面教学是最有利的教学方式，它是一种最直接、最高效、性价比最高的教学方式，它既能满足教育者的权威性，也能实现为师者的成就感。在面对面教学中教育者基于自身知识储备的输出，无需在课程资料开发以及教学活动安排中投入更多的精力。越是经验丰富的教师越能驾驭课堂，教育者期望通过课堂教学的讲解，让学习者在课后进行更多的自主学习。对于学习者来说，他们在面对面教学中同样享有低成本优势，他们只需要专注地聆听。

大多数情况下学习者的这种聆听是被动的形式，他们不能重复收看，也不能暂停休息，教育者不能满足学习者的个性化需求。基础好的学习者会因为教师的讲解过于简单，感觉收获不大。基础差的学习者会因为教师的讲解太快，不能消化学习内容或者笔记跟不上，学习者期望在课后继续进行学习。对于管理者来说，面对面教学需要投入更多的人力和物力。随着高等教育规模的持续增加，高校现有的硬件环境难以满足学生规模持续增长的需求，百人以上的大班型成为高等学校日常教学的常态，学习者的个性化需求难以得到满足。管理者期望通过扩大学习入口，解决大班型带来的教学效果不佳等问题。

混合学习需要教育者投入更多的精力，去更新课程内容，开发教学资源，安排教学活动，维系教学进程。学习者需要在课后投入更多的时间，完成相应的学习活动。对于教育者和学习者来说，这些额外的付出需要得到相应的补偿，如果学习效果没有达到预期，学习的焦虑感便会随之产生，课程教学的认同感会随之下降。同时，技术化的网络环境以及软件使用技术会进一步加强学习者在网络学习空间中的孤独感，让学习的质量、准确性以及深度的缺失进一步扩大。为了更好地促进学习者的线上学习效果，无论管理者、教育者、学习者都需要转变角色，更新教学理念，通过信息技术手段的变革，提升线上学习环境的质量，调动学习者学习的积极性，为学习者创设"深层且有意义"的线上学习氛围。

鉴于此，本书提出了在线临场感理论框架，将其作为数字时代的混合学习教学方法。本书由吴祥恩博士执笔撰写，沈阳师范大学研究生王志旭参与了部分内容的整理工作。全书共五章。第一章，网络学习空间的发展与混合学习，通过对网络学习空间的技术发展、教学变革、教学表征的归纳，分析混合学习的内涵，总结混合学习的实施难点；第二章，在线临场感理论框架的构建，通过对国际在线临场感现状、热点及趋势的梳理，分析在线临场感理论框架的构建依据、构成要素、结构指标，设计在线临场感理论框架；第三章，在线临场感理论框架的实施路径，通过分析在线临场感理论框架的客观条件、技术支持、实践环境，设计在线临场感理论框架的实施路径与教学支架；第四章，在线临场感理论框架的应用，运用在线临场感理论框架的教学流程，分析在线临场感理论框架的教学成效、学习过程以及对学习效果的解释力；第五章，混合学习的教学法，结合国家级线上线下混合一流课程的相关要求，总结混合学习的设计方法以及实施策略。

本书可供高校教师，尤其是混合式一流课程和线上一流课程的主讲教师阅读，帮助教师理解一流课程建设以及混合学习或线上学习的方法。同时，本书也可供在线教育或混合学习领域的研究者以及教育技术专业领域的从业人员使用。

吴祥恩

2022 年 5 月于沈阳

目　　录

第一章　网络学习空间的发展与混合学习 ……………………（1）

　　第一节　网络学习空间的发展 ………………………………（1）

　　第二节　混合学习的内涵 ……………………………………（5）

　　第三节　实施混合学习的难点 ………………………………（12）

第二章　在线临场感理论框架的构建 …………………………（22）

　　第一节　国际在线临场感研究的现状、热点及趋势 …………（22）

　　第二节　在线临场感理论框架的构建依据 …………………（36）

　　第三节　在线临场感理论框架的构成要素 …………………（56）

　　第四节　在线临场感理论框架的结构指标 …………………（63）

　　第五节　在线临场感理论框架的设计 ………………………（74）

第三章　在线临场感理论框架的实施路径 ……………………（84）

　　第一节　在线临场感理论框架的客观条件 …………………（84）

　　第二节　在线临场感理论框架的技术支持 …………………（91）

　　第三节　在线临场感理论框架的实践环境 …………………（96）

　　第四节　在线临场感理论框架的实施路径与支架 …………（102）

第四章　在线临场感理论框架的应用 …………………………（113）

　　第一节　在线临场感理论框架的教学流程 …………………（113）

　　第二节　网络学习空间在线临场感的测量 …………………（118）

第三节　在线临场感理论框架的教学成效分析 …………………（122）

第四节　网络学习空间在线临场感的社会网络分析 …………（133）

第五节　在线临场感对学习效果的影响 …………………………（149）

第五章　混合学习的教学法 ……………………………………（160）

第一节　混合学习的前期准备 …………………………………（160）

第二节　混合学习的实施策略 …………………………………（171）

第三节　混合学习的反思与展望 ………………………………（187）

参考文献 …………………………………………………………（192）

后　记 ……………………………………………………………（201）

第一章 网络学习空间的发展与混合学习

本章通过分析 2000 年以来网络学习空间的技术发展和混合学习的内涵演变，系统归纳了混合学习的作用、特征与目的，并结合网络学习空间的教学表征，使用调查研究，分析了混合学习存在的不足以及实施的难点问题。

第一节 网络学习空间的发展

2015—2017 年新媒体联盟《地平线报告》连续 3 年将重新设计学习空间和深层学习方法作为未来高等教育的中长期趋势，教育者角色的重塑是高等教育技术应用面临的严峻挑战。2018 年 4 月教育部的"教育信息化 2.0 行动计划"将网络学习空间覆盖行动作为重要任务，明确推动各地网络学习空间的普及应用。

一 网络学习空间的技术发展

随着信息技术的发展，网络学习空间从最初计算机支持的文本交互技术环境不断融入新的技术手段。从技术演变来看，网络学习空间的技术发展主要包括计算机支持的文本交互环境、计算机支持的社会交互环境、智能终端支持的共享交互环境三个阶段。

计算机支持的文本交互环境

计算机支持的文本交互环境以论坛和聊天室为代表。由于该阶段缺少统一的技术平台和教学设计标准，网络教学平台多数由教育者个人开发完成。技术工具使用是教育者在网络教学时首先要解决的问题，课程结构设计、资源建设、学生信息技术素养、计算机硬件环境等因素制约着网络学习空间的应用效果。该阶段网络学习空间的发展主要解决了网络教学有或无的问题，研究者们普遍关注网络学习空间的平台设计、资源开发、网络课程建设、资源共享以及学生自主学习方法等方面的功能实现。

计算机支持的社会交互环境

计算机支持的社会交互技术环境以 Blog、Facebook 以及 Twitter 等社交软件为代表。该阶段 Blackboard、Moodle、Sakai 等网络教学平台在全球范围内得到普及，网络课程得到了规模化的发展。这些平台具有模块化的教学设计，整合了常用社交软件的基本功能。其完备的功能及相关数据支持让教育者无需从事繁琐性的技术操作，即可在网络学习空间中建立网络课程，普通高等学校的网络课程开始了大规模普及。由于教育者从繁琐的技术操作中解放出来，各种交互形式在网络课程中得到了频繁应用，研究者们也不再局限于计算机的文本交流形式，社会学习得到了重视。

智能终端支持的共享交互环境

随着 MOOCs、流媒体技术、云平台、大数据学习分析技术、智能终端以及 5G 网络的普及，让传统网络教学环境发生了质的变革，彻底解放了学习者的线上学习。智能终端的使用实现了 PC 平台和 App 平台的数据共享，促进学习者正式学习与碎片化学习之间的相互促进。同时，智能终端在媒介表达方面的天然优势，进一步拓展了网络学习空间中媒介的应用形式。文本交流不再是唯一的互动形式，语音、图形、表情、符号等手段成为网络学习空间中互动交流的主要形式。该阶段基于大数据学习行为的可视化分析，促进了网络学习空间中学习者的元认知技能，智能 App 丰富了知识分享的途径。学习者能够快捷地将自己或团队的研究成果进行分享，并对他人的成果进行反思性点评。

二　网络学习空间的教学变革

新型信息技术手段的普及应用，改变了网络学习空间中教学活动的各项要素，促进了网络学习空间教学环境、教学形式、教学模式、教学评价的变革。

教学环境的变革

新型信息技术手段的教育应用，突破了传统物理教学环境的局限，形成了"无处不在"的泛在教学环境。教育者可以在任何时间、任何地点，借助智能终端设备，在网络学习空间中布置教学任务，开展教学活动。学习者可以利用网络学习空间，随时随地查找教学资料，与教育者、学习者进行同步或异步的沟通交流，探究教学活动，促进自身的学习发展。

教学形式的变革

信息技术与教育教学的深度融合，使得教育者的教学方式发生了深刻变化。网络学习空间作为学生学习的重要场所，凭借其个性化、互联互通、开放共享、共创共生等特点改变了教师的教学方式，使之实现了线上线下相结合，支撑自主、合作、探究等学习形式，促使教学方式从以教为主向以学为主转变，促使学生从单一、被动的学习方式向多样化、个性化的学习方式转变[1]。

教学模式的变革

网络学习空间的应用改变了传统的教学模式，出现了混合学习、合作学习、探究学习等新型教学模式。促使教学活动由"知识传授"向"能力培养"进行转变，由"以课堂为中心"向"以自主学习为中心"进行转变，从而培养学生"自主、协作、探究"等个性化的学习方式，促进学生的创新性思维发展，培养学生的实践能力，达成教学目标，实现课堂教学的有效性[2]。

---

[1] 谢幼如、罗胜涛：《网络空间与学习创新》，科学出版社 2019 年版，第6—8页。
[2] 张丹、王鹋、袁金平、王坤：《技术赋能教学模式变革与实践》，《中国电化教育》2021 年第 4 期。

教学评价的变革

大数据技术、云计算以及人工智能技术在网络学习空间中的应用，推动了教育者通过技术来测量和评价学习过程，将传统教学主观模糊的弹性评价转变为客观精确的数据评价。网络学习空间通过精准记录学习者的学习行为，形成学习者全面发展的成长轨迹，为教育者改善学习效果，进行教学反思，制定教学策略，优化教学活动，提供了重要依据。

三 网络学习空间的教学表征

根据协作建构主义的基本观点，网络学习空间中个体目标的制定与社会影响力之间有着不可分割的关系，个体目标和社会补偿知识之间是相互影响的[①]。网络学习空间的教学表征主要包括个体学习、社会学习和认知学习三个维度。

个体学习维度

"个体学习"维度强调学习者与教学内容之间的交互行为[②]。学习者的学习资源是由教育者精心设计、制作或者选择的，学习者在学习资源的探究过程中完成对知识的记忆与理解。学习者与学习资源的交互可以理解为学习者与教育者之间的间接交互，学习者的个体学习离不开高质量学习资源的支持。比如，教育者需要根据学生的认知规律设计学习活动，向学习者提供完成学习任务所需要的步骤，以及如何使用各种类型资源的建议等。

社会学习维度

"社会学习"维度强调学习者与教育者、学习者与学习者之间的交互行为。在网络学习空间中学习者并不是被动地接受教育者传授的知识，而是以自己的方式建构知识并把新知识与现有知识融合在一

---

① ［加］兰迪·加里森、特里·安德森：《21世纪的网络学习》，丁新主译，上海高教电子音像出版社2008年版，第12页。

② 陈丽、王志军：《三代远程学习中的教学交互原理》，《中国远程教育》2016年第10期。

起。学习者在群体协作建构过程中解决问题，完成对知识新概念和新经验的理解、应用、分析、评价与创造。为了满足网络学习空间中学习者社会学习的需要，教育者需要在社会学习过程中扮演组织者、指导者、帮助者等角色，促进学习者对所学知识的意义建构，培养学习者提出问题和解决问题的能力。

认知学习维度

"认知学习"维度强调学习者建立知识网络关系和生产出新内容的能力，包括学习者对知识的反思、批判、应用、创造。学习者在知识意义建构的过程中，进行合作与沉思性参与，使用"知识分享"等手段，对教学内容进行创新性思维与批判性反思，把新的意义融入现有的知识结构中，实现对知识的分析、评价与创造。为了满足网络教学空间中学习者认知学习的需要，教育者需要安排各种教学活动，激发学习者对学习行为的自我调节，提升学习者的自我管理能力，激发学习者的自我效能等方面的努力行为，引导学习者在实践共同体中分享个人或团队的优秀学习成果，通过对学习成果的反思与改进，促进高阶思维能力的养成。

第二节　混合学习的内涵

网络学习空间的技术变革推动了混合学习的发展，改变了混合学习的作用，也促进了混合学习内涵的演变。

一　混合学习的发展

结合网络学习空间的技术发展，混合学习的发展可以概括为技术应用、课程整合、互联网＋、新常态应用四个阶段。

技术应用阶段

1999 年，教育部启动了新世纪网络课程建设工程，公布了《面向 21 世纪教育振兴行动计划》，提出《现代远程教育资源建设技术规范》，为网络课程建设明确了技术方向，通过 68 所远程教育试点学校，推进网络课程建设。该阶段的网络课程建设主要延续了传统课程的建设思路，以图文静态网页等形式，对课堂教学进行克隆，比如，教学大纲、教学日历、课堂教学实录、习题等资源的数字化重现。

这个时期的混合学习主要解决了优质教学资源的共享问题，在线学习成为一种非正式的学习方式，混合学习也开始在高校中应用，混合学习应用的瓶颈是缺少统一的网络教学平台支持。部分高校自行建立的校园局域网络，存在着网络运行速度慢，性能不稳定、资费较高等问题。此外，学生电脑持有率较低，混合学习多发生在学校公共机房中，混合学习应用还属于一种小众的教学尝试。

该阶段混合学习聚焦于技术视角，技术是混合学习应用要解决的首要问题。教师的技术能力制约了网络课程的应用，网络课程建设还处于实践探索的阶段。教师使用传统的教学方法，将课程的教学资源呈现给学生，学生利用线上资源进行学习，互动类的教学活动开展较少，学生还是停留在自主学习阶段。该阶段混合学习的创新之处在于实现了面对面教学和线上教学的物理结合。

课程整合阶段

2007 年 1 月，教育部、财政部印发了《关于实施"高等学校本科教学教学质量与教学改革工程"的意见》，国家精品课程正式以网络课程的形式呈现，同时推进国家、省、校三级网络课程建设[①]。2011 年 10 月教育部颁布了《关于国家精品开放课程建设的实施意见》，国家精品开放课程以精品视频公开课和精品资源共享课两种形式，面向社会开放[②]。国家、省、校三级的精品课程建设，明确了网络课程建设规范，推进了高校网络教学平台的普及，以 BlackBoard、Moodle、THEOL 为代表的网络教学平台在高校中大规模应用。这些网络教学平台具有稳定性、友好性、简单易学和功能完善等特点，让网

---

① 教育部：《关于实施"高等学校本科教学教学质量与教学改革工程"的意见》（http：//www.moe.gov.cn/s78/A08/moe_734/201001/t20100129_20038.html）。

② 教育部：《关于国家精品开放课程建设的实施意见》（http：//www.moe.gov.cn/srcsite/A08/s5664/moe_1623/s3843/201110/t20111012_126346.html）。

络课程以及精品课程应用得到了较大范围的推广。同时，流媒体技术的出现以及动态网页技术的完善，促进了网络课程中优质教学资源的实时呈现与社会交互活动的实现。

该阶段网络教学平台解决了教师的技术问题，教师们在同一起跑线上进行课程资源建设。网络课程建设由少数技术派教师的特权转向大众化的普及，越来越多的教师开始建设网络课程，高校网络课程应用百花齐放。网络教学逐步成为教师日常教学的重要组成部分，教师按照网络教学平台的栏目要求，将教学大纲、教案、网络课件、图文教程、授课录像、习题、实验指导和参考文献目录等内容向学生进行开放。

该阶段的混合学习聚焦于教师教学的视角，混合学习应用的瓶颈是"重建设、轻应用"。高校网络课程不再是教师会不会建，而是如何建好和用好的问题。由于多数教师以教改项目或者精品课程等质量工程的形式建设网络课程，他们较少能根据网络教育的特点对课程内容进行选择和组织，而是直接将传统课堂教学中设计好的课程搬到网络上实施。这种认知上的局限让教师很少从教学实施角度系统性规划一门完整的网络课程，并将其与自身的课堂教学进行整合。这些短期内建成的网络课程难以保障日后的持续活跃，一些网络课程在建设完毕后，随着教学内容的陈旧，学生关注度也随之下降。

互联网 + 阶段

2012 年 MOOCs 的风靡，让高等教育进入 MOOCs 建设的高峰期。2015 年教育部发布了《关于加强高等学校在线开放课程建设应用与管理的意见》，明确指出促进在线开放课程的广泛应用，鼓励高校结合本校人才培养目标和需求，通过线上学习与课堂教学相结合等方式，应用在线开放课程，不断创新校内、校际课程共享与应用模式①。MOOCs 的兴起，促进了以学习者为核心的网络课程开发，

---

① 教育部：《关于加强高等学校在线开放课程建设应用与管理的意见》（http：//www. gov. cn/xinwen/2015－04/28/content_ 2854088. htm）。

特别是视频技术、移动互联技术、智能终端的普及，让微课视频成为网络课程中教学资源的主要形式，线上教学的教学特性得到了充分重视，混合学习迎来了质的飞跃。

该阶段混合学习聚焦于学生视角，混合学习的物理特性和课程特性逐步让位于教学特性[1]。混合学习的普及具有更多可行性：第一，学生普遍具备了笔记本电脑或者智能终端，混合学习的硬件环境已经没有了障碍；第二，学生信息素养普遍提升，他们作为信息时代的土著，比教育者更加精通网络教学平台或 APP 的使用；第三，网络教学平台的普及度更高，像超星、学习通、学堂在线、雨课堂、智慧树等新一代网络教学平台在高校中普遍应用。

新常态应用阶段

2019 年 11 月教育部印发了《关于一流本科课程建设的实施意见》，提出一流本科课程的"双万计划"，树立课程建设新理念，推进课程改革创新，实施科学课程评价，提高教师教学能力，完善以质量为导向的课程建设激励机制，形成多类型、多样化的教学内容与课程体系，明确了高校课程教学高质量发展的方向[2]。

2020 年 2 月，教育部印发了《高校在线教学组织与管理工作的指导意见》，为高校实施在线教学指明了方向。线上教学要组织线上讨论、答疑辅导等教学活动，布置在线作业，进行在线测验等学习考核；要与课程平台建立教学质量保障联动机制，充分利用学习行为分析数据，了解学生在线学习情况，提高学生学习的积极性和课程的挑战度[3]。2020 年 5 月，教育部进一步指出在线教学要从"新鲜感"走向"新常态"，融合了"互联网＋""智能＋"技术的在线教学已经

---

① 冯晓英、王瑞雪、吴怡君：《国内外混合式教学研究现状述评——基于混合式教学的分析框架》，《远程教育杂志》2018 年第 3 期。

② 教育部：《关于一流本科课程建设的实施意见》（http：//www.gov.cn/gongbao/content/2020/content_ 5480494. htm）。

③ 教育部：《关于在疫情防控期间做好普通高等学校在线教学组织与管理工作的指导意见》（http：//www.moe.gov.cn/jyb_ xwfb/gzdt_ gzdt/s5987/202002/t20200205_ 418131. html）。

成为中国高等教育和世界高等教育的重要发展方向①。

该阶段混合学习聚焦于学习效果，学校管理者更加关注混合学习带给学生的改变以及混合学习如何支持学生的学习。随着国家、省、校三级混合式课程的持续建设，混合学习已不再是简单的线上线下的结合，它将为学习者创造一种高参与的个性化学习体验，促进课程教学的高质量发展。

二　混合学习的作用

纵观混合学习 20 余年的发展，混合学习经历了物理混合、课程整合、教学混合、效果混合四个阶段，低阶物理层面的混合逐渐弱化，高阶教学层面的混合正在加强，随着混合学习的目的不同，混合学习发挥的作用也不同。混合学习的作用主要表现在辅助、替代、改进课堂三个方面②。

辅助课堂

在混合学习的早期，由于受到教室空间和师资的限制，百人以上的大班型在高校中是一种常态形式。在这种情况下，教师无法兼顾每个学生的具体需求，混合学习利用优质教学资源共享以及数字化教学管理等方面的优势，满足了学生课堂教学外的个性化需求，提高了大班教学的有效性，节约了教学成本。事实上，辅助课堂功能不仅适用于大班教学，在小班教学中也同样适用。由于数字化教学资源具有可持续的更新特性，通过混合学习的应用，教育者能够快捷地为学生提供学科前沿的热点知识，满足课程教学的创新性需求。

替代课堂

替代课堂需要混合学习为线上环节分配一定数量的学时，这种模式最初是应用在非正式教育中，比如远程教育或者成人教育。由

---

① 教育部：《在线教学要从"新鲜感"走向"新常态"》（http://www.moe.gov.cn/fbh/live/2020/51987/mtbd/202005/t20200518_455663.html）。

② 冯晓英、王瑞雪、吴怡君：《国内外混合式教学研究现状述评——基于混合式教学的分析框架》，《远程教育杂志》2018 年第 3 期。

于开放大学的学习者缺少相应的集中学习时间，替代课堂更多是一种现实选择。当前，混合学习的替代课堂作用在高校中也得到普遍应用，比如，翻转课堂教学。对于教育者和管理者来说，替代课堂同辅助课堂教学相比，需要学习者具备较强的自我管理能力，这样才能保证线上学时的有效性。

改进课堂

随着智慧教学工具以及智慧教室的应用，传统课堂教学与在线教学的界限已经被逐步打破，两者之间不再是二选一的关系。比如，在课堂教学过程中教师可以使用智慧教室或智慧教学工具，可以调用网络教学资源，开展实时测试，投票等活动，强化或改进课堂教学活动。同样，在线上教学过程中，教师也可以使用直播教学形式，增强线上教学的临场感，弥补线上教学缺少面对面交流的不足。通过线上线下的融合，混合学习将会更加有效地改进课堂教学。

三　混合学习的内涵

混合学习的特征

结合混合学习的发展历程和作用，混合学习的特征主要表现在以下四个方面。一是物理环境的混合，混合学习是线上线下的相结合，即线上教学与课堂教学的融合。二是学时的混合，混合学习是正规教育的一种形式，学习者的学习过程至少安排一定比例的线上学时，一般认为这个学时比例是在20%—50%，在线上学习期间，学生可自主控制学习的时间、地点、路径和进度。三是处于一种有效监督的环境下，混合学习的学习活动至少有一部分是在受监督的实体场所中完成[①]，这里面的学习活动不仅指课堂教学，也包括线上教学活动，它同样需要监督完成。四是以学生为中心，混合学习的课程内容和学习活动需要以学生为中

---

① ［美］迈克尔·霍恩、希瑟·斯特克：《混合式学习：用颠覆式创新推动教育革命》，聂风华、徐铁英译，机械工业出版社2018年版，第34—35页。

心，依据课程目标的安排，满足学习效果有效提升的原则，涉及教学内容、教学资源、教学模式、教学方法、教学评价的深度融合。

混合学习的目的

当前的混合学习与早期的混合学习存在本质的不同，混合学习正在由小众的创新转变为大众的普及。特别是 2020 年线上教学发挥了替代课堂教学的作用，解决了特殊时期课堂教学无法开展等问题。随着混合学习新常态的到来，混合学习中线上教学不等同于完全线上教学，它不能以替代课堂为目的。新常态的混合学习是基于课程教学的本质，以学习者为中心，以面向课程教学的高质量发展为目的。也就是说，无论混合学习采用的辅助课堂、还是改进课堂、或者替代课堂，都是建立在优化学习效果的基础上，没有监督的混合学习并不是真正的混合学习，这为混合学习的发展指明了方向。

混合学习不仅要关注学生的学习结果，同时也要教会学生如何学习，发展他们的批判性思维和自我指导的学习能力，满足学生的终身学习的需要。随着数字社会的来临，知识的爆炸改变了传统教学的知识来源，学生需要管理和应对海量的知识信息，形成数字化学习与创新的能力。一个长期的解决方案是建立一个混合学习环境，在该环境下学生不仅需要学习，而且还需要逐渐学会如何学习。

在这种情况下，如果教育者仅仅将混合学习作为一种快速推进的教学形式，用于简单地"辅助"或"替代"课堂，那么混合学习的教学效果将无法保证。也就是说，线上学习的便捷性和普遍性虽然能够动摇高等教育领域的主导形式——演讲的统治地位[①]，但问题是在动摇了演讲的统治地位后，混合学习的路又在何方呢？正如课堂教学需要教学方法的支持，同样，线上教学与课堂教学融合后，混合学习也同样需要相应的教学法，这也是本书的研究重点。

---

① ［加］兰迪·加里森、特里·安德森：《21 世纪的网络学习》，丁新主译，上海高教电子音像出版社 2008 年版，第 11 页。

第三节　实施混合学习的难点

混合学习的教学法并不是一蹴而就的，新型混合学习教学法的形成，需要结合网络学习空间的教学表征，了解当前混合学习的现状，分析混合学习实施的关键难点。

一　混合学习的现状调查

在网络学习空间教学表征分析的基础上，结合混合学习的内涵理解，本书利用 Garrison①、Shea②、Cleveland-Innes③ 等人的评价量表，编制了网络学习空间混合学习应用的调查问卷和访谈提纲。考虑到文化差异、学习习惯、教学理念、网络学习空间功能的差异性，本书从教育者视角和学习者视角对这些量表进行了适度修改。

教师调查问卷

教师调查问卷主要包括在线课程与教学内容设计、教学活动与交互设计、学习认知与效果评价、技术支持与影响因素四个方面。

1. 在线课程与教学内容设计

主要内容包括课程是否具有完整的知识体系；是否涵盖课堂教学内容；是否具有清晰的教学目标；教学内容是否包括教师视频课程、课件、图文电子教材；是否包括习题测验、在线考试等。

2. 教学活动与交互设计

主要内容包括教师是否在课前为学生布置清晰的教学任务；教学

---

① Garrison D. R., Anderson T., Archer W., "Critical Inquiry in a Text-Based Environment: Computer Conferencing in Higher Education", *The Internet and Higher Education*, Vol. 2, No. 2 – 3, 2000.

② Shea P., Hayes S., Smith S. U., et al, "Learning Presence: Additional Research on a New Conceptual Element within the Community of Inquiry (CoI) framework", *Internet and Higher Education*, Vol. 15, No. 2, 2012.

③ Cleveland-Innes M., Campbell P., "Emotional Presence, Learning, and the Online Learning Environment", *International Review of Research in Open and Distance Learning*, Vol. 13, No. 4, 2012.

任务是否具有重要的时间节点；课后是否引导学生积极开展讨论；在讨论中是否为学生提供明确的讨论框架；对于学生提出的问题是否给予即时答复；对于学生的讨论话题是否给予总结归纳；学生是否认为同伴之间的合作学习同教师指导相比具有相同或更好的学习效果。

3. 学习认知与效果评价

主要内容包括教师是否认为课程内容和讨论的反思能够帮助学生理解基本概念；教师是否激励学生在课程讨论中提出问题；教师关于学生对同伴作品点赞行为的认同程度；教师关于学生存在刷课行为的认同程度；教师是否采用知识分享等形式让学生进行点评；教师是否认同同伴互评等形式，以及在同伴互评过程中存在的主要问题有哪些？教师是否认同学生在平台中晒出自己的作品或观点；教师是否参与学生作品的点评；教师采用线上教学评价的方式有哪些？教师是否认同线上成绩能够满足课程考核标准的要求。

4. 技术支持与影响因素

主要内容包括教师是否使用平台或 APP 进行在线课程教学，教师在线课程教学最主要的问题体现在哪些方面？教师在线课程教学最需要的支持体现在哪些方面？

学生调查问卷

学生问卷主要包括在线课程中个体学习、社会学习、认知学习的自我评价，学习效果的自我评价，学习影响因素与支持服务五个方面。

1. 个体学习的自我评价

主要内容包括课程知识内容是否满足学生进行自主学习的需求；学生是否能够理解视频课程中的内容；学生是否希望教师在视频课程外提供教学课件、电子教材等拓展教学的资源；在线课程学习是否能够帮助学生完成课程的教学目标；相对于其他传统课堂教学，在线课程学习对学生的帮助程度。

2. 社会学习的自我评价

主要内容包括线上教学活动安排是否为学生提供一个清晰的时间

13

节点，帮助学生安排学习任务；在视频学习或作业完成过程中学生是否会主动在平台中提出问题；教师关于讨论活动的组织是否让学生更加清晰地了解到讨论过程中提出问题的方法；学生提出的问题是否得到同伴或教师的及时回答；学生是否会及时帮助同伴解答问题；相对于课堂讨论，学生是否更喜欢线上学习过程中的讨论交流。

3. 认知学习的自我评价

主要内容包括线上学习过程中同伴的讨论成果是否帮助学生理解课程的知识内容；学生是否会在讨论区中晒出自己的作品或观点；学生是否会为有价值的讨论成果点赞；学生在讨论过程中如果遇到不会的问题是否会在在线课程中探究答案；讨论标准的设定是否有利于学生参与讨论；对于枯燥难懂或简单的视频，学生是否存在刷课行为；教师对于个人或小组成果的分享是否对学生的学习产生了激励；学生是否积极参与对同伴作品的点评，并从同伴作品的观摩中获得收获；线上成绩的权重设置是否对学生的学习产生影响。

4. 学习效果的自我评价

主要内容包括学生对课程教学的满意程度；学生是否对课程学习具有获得感；相对于其他传统课程，学生是否获得了舒适的学习体验；学生的学习过程是否由"新鲜且不适应"逐步转变为"适应且融入其中"；线上学习经历是否对今后的学习具有价值。

5. 学习影响因素与支持服务

主要内容包括学生如何看待在线课程学习过程中的"刷课"行为；学生是否使用 APP 平台进行在线课程的学习；学生是否认为 APP 平台学习效果比 PC 平台的效果好；影响学生在线课程学习最主要的问题有哪些？

师生访谈提纲

师生访谈以面对面焦点小组访谈为主，少数教师采用电话访谈和网络交流形式，访谈提纲内容包括如下几个方面。

1. 教师访谈提纲

教师如何看待课堂教学与线上教学之间的关系；教师是否愿意耗

费时间和精力为学生制作系统性的在线课程内容；教师如何看待线上学习过程中学生的讨论行为；教师如何看待学生的互助学习；教师如何看待"同伴互评"；教师的课程是否注重对学生高阶思维能力的培养；教师如何解决"考试基本靠背"这一现象。

2. 学生访谈提纲

课程整体教学能否满足学生的学习需求；学生能否利用本课程的线上资源进行自主学习；学生是否认为线上学习过程是枯燥的；在线上学习过程中学生遇到的问题是自主探究还是向教师或同伴求助；学生是否愿意参与课程讨论区中的讨论；学生能否感受到教师或同伴线上行为的高强度存在；学生对线上学习是否有一种归属感；在实际学习过程中学生的讨论帖是否有人点赞或主动对别人点赞；学生是否相信同伴给予的答案；学生是否觉得线上学习比课堂教学更有趣；学生如何看待作业同伴互评；同伴之间的讨论、点评、互评等行为是否激励了学生的学习；学生是否经常关注并反思同伴的讨论话题；同伴的讨论话题是否对学生理解课程内容或应用新知识有帮助；学生是否认为在线课程中成绩权重比例设置合理。

调查范围与对象

1. 调查范围

调查范围涵盖了 L 省在线跨校修读学分试点课程中的 254 门在线开放课程，这些课程采用建设方和使用方共建共享的模式，课程应用平台包括超星、学堂在线、智慧树等当前在线教育领域的主流平台，课程使用学校涵盖了 DB 大学、DG 大学、LN 大学、SN 大学等 48 所高校，多数课程已经开设了多轮，这些课程能够体现 L 省普通高等学校在线开放课程运营的实际情况，反映出网络学习空间混合学习应用的主要问题。

2. 调查对象

调查对象是在线开放课程中的教育者和学习者，考虑到课程覆盖的全面性，在课程选择上注重课程类型的区分度和使用学校的区分度。课程类型包括专业基础课、专业选修课、通识课三种类型，学校类型包括 985 高校、211 高校、普通二本高校和民办高校。调查选取了其中的 9 所高校，在正式调查前，对这些高校的课程运行数据进行了观察分析，排除掉学习者仅仅观看视频完成学习的课程，最后选取了在线开放课程 220 门，这些课程占 L 省全部在线开放课程的 87%。在这 9 所高校的在线开放课程中随机选取 100 名主讲教师与 1200 名学生作为问卷调查对象，并从这些教师和学生中随机抽取 20 名教师和 100 名学生作为焦点小组访谈对象。

二　混合学习存在的不足

调查结果显示，微课视频是网络教学空间中教学资源的主体，混合学习主要起到辅助课堂的作用，混合学习存在的主要问题表现在教育者存在感不强、学习者参与度低、课程教学处于低阶水平三个方面。

教育者存在感不强

多数教师为首次使用网络学习空间进行混合学习应用，他们缺乏课堂教学与线上教学的整合方法。具体表现有：一些课程缺少教学通知的发布，教学活动安排没有计划性；一些课程没有搭建师生互动与生生互动的讨论框架，在零星的讨论专题中很难发现教育者的话题；一些课程作业批阅环节没有教师的批语。

这些现象可能跟现行普通高等学校教学管理机制有关，对于教育者来说，课堂教学是一个独立的体系，他们不愿打破课堂教学中的既得行为。大多数教师对课堂教学存在一种想当然的主观理解，他们认为自己的教学任务是按照学校的课表讲课，讲课被默认为教师承担教学任务的主要形式[1]。尤其在大班教学过程中，教师为了保证教学任务的完成，没有足够的时间以及恰当的方法，去满足学习者个性化的需求，教学流程逐渐简化为演讲。教育者通过课件等载体将自己拥有

---

① ［澳］约翰·比格斯、凯瑟琳·唐：《卓越的大学教学》，王颖等译，复旦大学出版社 2015 年版，第 51 页。

的知识快速传递给学生，他们潜意识地将线上教学排除到课堂教学之外，或者没有做好将线上教学融入课堂教学的准备。教育者的专属空间逐渐由教室范围压缩为三尺讲台，学习者在心理层面与教育者之间形成了准分离状态，教育者的课堂教学不再融入学生群体，而学习者习惯于大教室的后排扎堆，传统课堂教学群体性的社会支持正在逐渐减弱。

学习者参与度低

多数学习者为首次使用网络学习空间进行在线课程学习，学习者对线上教学具有比较强的新鲜感。相对于课堂教学来说，线上教学过程中学习者具有更大的自主性，他们能够快速切入，这些学习者对线上教学中知识性内容具有比较高的认同度。随着教学活动的持续推进，教学任务点开始增多，教学难度逐渐加大。学习者的学习仍然局限于个体与教学内容的交互层面，在问题探究的过程中学习者并没有广泛参与到其他交互活动中。随着线上学习的新鲜感逐渐消退，学习焦虑感和孤独感开始上升，学习者参与度开始下降，学习粘性降低，线上学习的主动性减少，被动性逐渐加强。

一些学习者并没有将知识理解作为线上学习的目的，而是为了更快地完成教学任务点或者完善学习记录。面对课程平台推送的各项任务，学习者的线上学习与课堂教学一样依旧是被动的接受模式，线上学习过程缺少足够的参与度。对于学习者来说，学习粘性主要来源于三个方面：一是对教学内容的渴望，如果线上学习能够提升他们的学习效果，帮助他们解决课堂教学中的一些难题，他们会经常登录在线课程完成学习；二是线上学习环境的体验以及线上学习过程为学习者带来的获得感，如果学习者线上学习能够获得比较愉悦的体验，那么他们也会喜欢登录在线课程进行学习，就像面对面教学中学生经常坐在教室的前排一样；三是教学评价手段的设置，如果教育者将任务点完成数量或者讨论数量等量化指标作为成绩统计的依据，那么学习者也可能会功利性地快捷完成任务点。

一些学习者对个体学习认同度较高，但缺少相应的责任意识。在线上学习过程中学习者与学习者之间缺少足够的互信，学习者彼此间的互助学习较少发生。具体表现有：学习者对同伴提出的问题很少回应，但对教育者的问题给予积极回复；学习者对教育者批阅的作业成绩很少质疑，但对同伴互评的作业成绩异议较大，在实际行动中经常压低或夸大同伴的成绩；学习者不愿将自己的成果分享到课程平台中，却在默默观摩同伴的优秀成果。

这些现象说明教育者与学习者依然延续课堂教学的思维，无论教育者还是学习者均认为教育者在知识阐述和教学评价方面具有绝对的权威性，虽然学习者可以选择多种路径完成学习，但他们遇到问题时更倾向于相信教师的观点。课程教学还停在以教为主的层面，教育的目的局限在让学生学会，而不是让学生会学，而学生习惯于被动式接受而不是探究式或发现式学习。

课程教学处于低阶水平

多数学习者普遍认同采用"任务点完成""作业""测验""在线考试"等教学活动，他们的学习主要集中在知识学习层面。他们希望通过任务点、作业、测验等显性的形式，评价自己的学习成绩表现，学习模式主要表现为"知识浏览＋记忆测验"，当学习者掌握的知识达到标准后，教学活动随之结束。在学习初始阶段教育者对学习者缺少明确的知识内容引导，在学习过程中教育者对学习者缺少相应的教学活动支持，在学习结束后教育者对学习者缺少知识内化的迁移过程。学习者的学习集中在低阶的知识浏览层面，缺少相应的交流、协作、分享、反思、创造等高阶活动。

主要表现有：一些课程的教学框架缺少对学习目标的描述，学习者不能带着明确的目的去学习视频；一些课程的教学框架没有跟课堂教学进度保持同步，课程教学内容缺少相关的教学流程控制，从教学初始就完全放开给学生；一些课程对学生作业缺少明确的时间期限，教育者在讨论中大量罗列知识点问题，将互动讨论区变成了知识抢答区。

这些现象说明学习者的线上学习缺少知识内化的过程，课程学习主要集中在知识记忆的低阶水平。在线课程的教学流程还处于单路径的推送阶段，教育者把知识推送给学习者，即完成线上教学。事实上，学习者对新知识反思得越多，他们在以后应用得越多，学习者只有应用新知识，才能真正掌握它们。在线课程的教学流程必须形成闭环，促进学习者由低阶的知识习得向高阶的反思创造进行转变。学习者只有形成了高阶的知识反思，才会真正的完成学习，线上学习流程需要由单路径的推送转变为双路径的环路，这样才会让学生拥有更强的获得感。

三 混合学习实施的关键难点

混合学习出现瓶颈的根源是网络学习空间中学习者学习主要是依靠个体努力完成，学习者的社会学习和认知学习较少发生。混合学习实施的关键难点主要表现在首次教学体验、走出教学舒适区、学习过程的焦虑感、临场感缺失四个方面。

首次教学体验

研究结果表明：如果学习者首次在网络学习空间中没有获得愉悦的体验，将会影响他们后续继续学习其他在线课程[①]。混合学习发生的前提条件是面对面教学和线上学习的结合，相对于面对面教学的固化教学环境以及严谨教学流程来说，线上学习具有更灵活的时间安排、自由的学习环境、随时随地的访问和快捷的交流互动等优势。这使得首次进行线上教学的教育者容易产生一个认识误区：他们会主观地夸大线上教学的便捷优势和成本优势，而忽略线上教学的基本规律。在实践中他们倾向于学生的自主学习，忽视对学习过程的引导；注重对教学任务的布置，缺乏对线上学习方法的引领。教育者的线上教学缺少存在感，没有合适的教学方法，学习者的线上学习缺乏获得感，疲于完成各种任务点，甚至出现了无谓的"刷课"行为。

---

① Kummings J. K. , "Learning with Social Media and Web2. 0：Where do I begin?", *New Teacher Advocate*, Vol. 17 , No. 4 , 2010.

尤其是 2020 年，线上教学迎来了井喷式的发展，虽然短期的快速普及让教育者掌握了线上教学的基本技能，但他们并没有足够的时间去理解线上教学的先进理念。此外，教育者和管理者对线上教学也存在一定的误解，一部分教育者和管理者将线上教学理解为直播教学，从严格意义上来说，直播教学是对课堂教学的重现，并不是真正意义的线上学习。在课堂教学恢复后，尽管大多数教育者从技术层面掌握了线上教学的基本方法，但他们对混合学习的理解是不全面的，这在某种程度上降低了线上教学的质量标准，影响了线上课程的学习体验及高质量发展。在混合学习新常态的背景下，如何转变教育者对线上教学的理解，是在认知层面混合学习要解决的难点。

走出教学舒适区

对于教育者来说，面对面教学是一种既得行为，然而，在信息爆炸的时代，教育者已不再是学习者专业知识的绝对权威或唯一来源，特别是在大班教学过程中，教育者的教学活动也无法兼顾每个学习者的个性化需求。随着微课视频的普及，网络的便捷性和交互性拓展了课堂教学的物理空间和心理空间，在某种程度上替代了课堂教学中教师的部分职能，为学生的个别化指导提供了可能。这就意味着高质量的混合教学既需要教育者加强自身的演讲优势，还需要投入更大的精力去设计课程内容、开发教学资源、安排教学活动去维系学习进程，这就需要教育者在混合学习的实施过程中走出自身的舒适区。

学习过程的焦虑感

对于学习者来说，他们已经是互联网的"原住民"，信息技术已全面嵌入了他们生活的方方面面。面对互联网中爆炸式的学习资源，学习者对在线学习具有强烈的批判精神和创新意识，拥有着天然的敏感度、适应力和执行力。由于学习者在混合学习过程中需要投入更多的时间，完成线上教学过程中的各种学习活动，因此他们期望这部分投入得到相应回报。如果线上学习的质量低于预期，或者课程认知负荷过重，学习者就会感受到比较大的压力，学习焦虑感便会随之产生，课程教学认同感也会随之下降。同时，技术化的网络环境也在加强学习者的焦虑感和孤独感①，这让学习的质量、准确性以及深度的缺失进一步扩大。在混合学习的过程中，教育者如何向学习者呈现优质的教学资源，设计并维系教学活动的持续开展，降低学习者学习过程中的焦虑感，这是在操作层面混合学习需要解决的难点。

临场感缺失

学习者的焦虑感和孤单感的产生源于网络学习空间中学习者之间存在关系的缺失。学习者之间的存在关系反映了学习者在线学习过程中的心理状态，体现了学习者与同伴以及教育者之间的共在感。增强学习者在线学习过程中的各种临场意识，能够促进学习者与同伴在情感、环境、行为、动作、认知等方面的相互作用过程，实现学习者之间的社会性学习。而学习者之间的社会性学习可以将教育者从日常教学的琐事中解放出来，专注于学习环境的设计。

鉴于此，本书以网络技术环境下学习者社会性属性欠缺为出发点，通过构建在线临场感理论框架，培育学习者的网络学习社区意识，减轻学习者在线学习过程中的焦虑感和孤独感，增强学习者的高阶思维能力，促进学习者深度而有意义的学习体验，满足新型混合学习的内涵要求。

---

① Laffey J. , Lin G. , Lin Y. , "Assessing Social Ability in Online Learning Environments", *Journal of Interactive Learning Research*, Vol. 17, No. 2, 2006.

第二章 在线临场感理论框架的构建

本章在国际在线临场感研究的现状、热点及趋势分析的基础上，利用探究社区理论、社会学习理论、建构主义学习理论、联通主义学习理论，使用教学、社会、情感、学习、认知等临场感形式，构建了在线临场感的理论框架。

第一节 国际在线临场感研究的现状、热点及趋势*

关于在线临场感，不同领域学者对其进行了研究，在教育领域中在线临场感被广泛应用到学习者的线上学习活动中。在线临场感研究可追溯到2000年Garrison教授等人提出了Community of Inquiry（CoI）探究社区理论框架①，该框架指出在教育传播过程中存在三种临场感形式：教学临场感、社会临场感、认知临场感。CoI框架自提出后陆续被国际学界的理论家、研究者、教育者们广泛采纳，CoI框架中的教学、社会、认知等临场感逐渐成为国际学界对在线临场感研究范畴的界定。

一 国际在线临场感的研究现状

为了进一步梳理国际范围内在线临场感的研究现状，本书对2000

---

　　* 本节原载吴祥恩、陈晓慧《国际在线临场感研究的现状、热点及趋势——基于2000—2017年WOS核心数据库相关文献的知识图谱分析》，《中国电化教育》2018年第2期，笔者收录时有修改。

　　① Garrison D. R., Anderson T., Archer W., "Critical Inquiry in a Text-Based Environment: Computer Conferencing in Higher Education", *The Internet and Higher Education*, Vol. 2, No. 2 - 3, 2000.

年以来国内外在线临场感研究相关文献进行分类统计，其中，外文文献使用 Web of Science（WOS）作为检索数据库，中文文献采用 CNKI 中核心期刊数据库与博硕士论文数据库作为检索数据库。本书使用 CiteSpace 研究工具，绘制在线临场感研究的合作、共引、共现等知识图谱，对国际在线临场感研究文献进行了可视化分析。

研究区域与机构合作

1. 研究区域

在研究区域分布方面，国际在线临场感研究在国家地区之间的合作较为普遍。在网络节点布局上，美国、加拿大代表的北美地区处于核心地位，他们处于知识图谱的中心位置，并与其他国家之间联系较为紧密，其中，美国学者发表论文 255 篇，占论文总量的 33%，加拿大学者发表论文 71 篇，占论文总量的 9%；此外，中、日、韩代表的亚洲地区在线临场感研究也居于国际前列，共有 4 个国家地区位于知识图谱前十名的重要节点，他们共发表论文 107 篇，占论文总量的 14%，中国学者共发表论文 33 篇，他们位于知识图谱第 7 名的重要节点，在线临场感研究区域合作知识图谱，如图 2 – 1 所示。

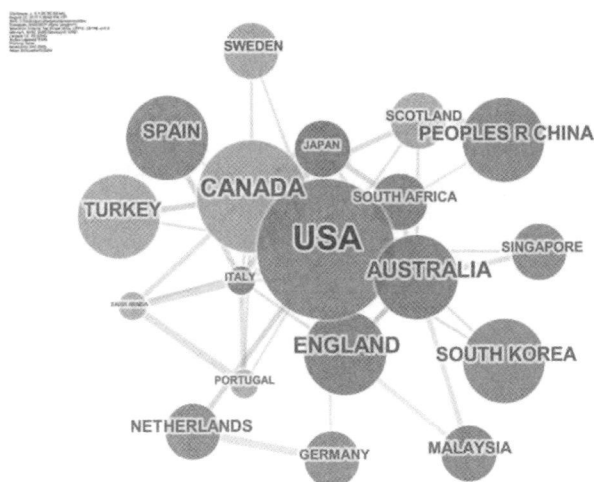

图 2 – 1　研究区域合作图谱

2. 机构合作

在机构分布方面，国际在线临场感研究在学术机构之间的合作较少。在网络节点布局上，纽约州立大学奥尔巴尼分校（SUNY Albany）、普渡大学（Purdue Univ）、福尔曼大学（Furman Univ）、爱丁堡大学（Edinburgh Univ）、阿萨巴斯卡大学（Athabasca Univ）、卡尔加里大学（Calgary Univ）以及西蒙弗雷泽大学（Simon Fraser Univ）是具有代表性的学术机构，如图 2－2 所示。此外，纽约州立大学奥尔巴尼分校的研究成果最多，他们发表了 15 篇文献，处于知识图谱的核心位置。中国的华东师范大学、香港教育大学、香港侵会大学、香港大学等机构也是知识图谱的重要节点，国内在线临场感研究在国际上获得了一定程度的认可。

图 2－2　研究机构合作图谱

作者发文与共被引

作者发文的定量分析可以探测出某一研究主题的核心作者与科学研究共同体的形成状况，核心作者及其团队作为该领域的引导者和推动者直接或间接地影响着后来的学者[①]。根据普赖斯定律，核心作者的发文量 $N = 0.749 (\eta_{max})^{1/2}$，其中 η_{max} 表示发文量最多的作者的发文数，普赖斯认为如果一个作者发文量 $\geq N$，那么他就是该领域的核心作者，如果核心作者的发文总量超过总发文量的 50%，表示该领域内已经形成了核心团队[②]。作者合作图谱的聚类结果显示，国际在线临场感研究已经形成了核心团队，主要有 Garrison DR、Shea P、Gasevic D、Richardson JC、Ice P 等核心团队，如图 2-3 所示。

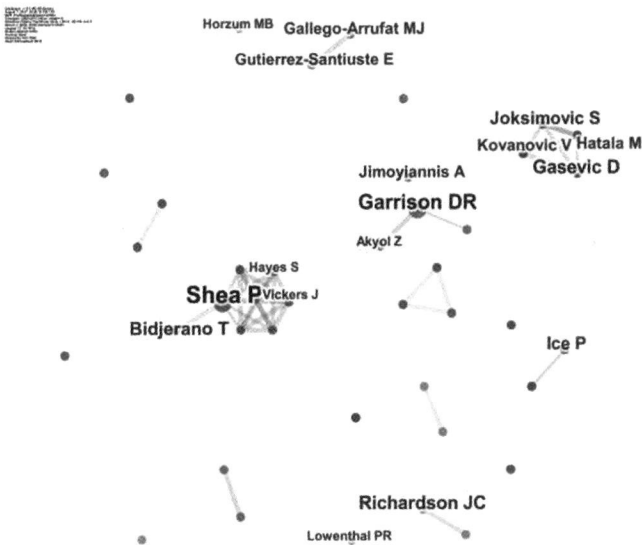

图 2-3　作者发文合作图谱

---

① 刘敏、李兴保：《移动学习领域的可视化引文分析》，《电化教育研究》2012 年第 11 期。

② ［美］D. 普赖斯、张季娅：《洛特卡定律与普赖斯定律》，《科学学与科学技术管理》1984 年第 9 期。

　　作者共被引的定量分析可以揭示不同作者在该领域内的重要程度和贡献大小，反映该作者在研究领域中的影响力[①]。作者共引图谱的聚类结果显示：图谱中排名的最高学者是 Garrison DR，他是国际远程教育中的著名学者、三代教育技术和远程教育理论的倡导者之一[②]，图谱中的 Rourke L（排名 2）、Anderson T（排名 6）、Arbaugh JB（排名 8）、Akyol Z（排名 9）等学者均属于 Garrison DR 的核心团队，他们共同提出了 CoI 框架，并对教学、社会、认知等临场感进行了一系列研究。此外，Gunawardena CN（排名 3）的社会临场感理论研究、Shea P（排名 4）的学习临场感理论研究、Swan K（排名 5）的教学临场感理论研究也被研究者们广泛采用。同时，教育领域中一些经典文献在图谱中仍具有较高的频次和中心性，如 Bandura A 的社会学习理论、Vygotsky LS 的社会发展理论以及 Dewey J 的探究学习理论等，它们作为在线临场感研究的理论来源和知识基础常常被研究者们引用，研究作者共引知识图谱如图 2-4 所示。

图 2-4　作者共引知识图谱

---

　　① 朱德权、张舒予、赵丽：《基于 CiteSpace 的视觉文化研究可视化分析》，《现代远距离教育》2016 年第 3 期。

　　② 刘永花、丁新：《兰迪·加里森研究》，《中国电化教育》2004 年第 10 期。

关键节点文献

关键节点文献代表着某一研究领域发展过程中重要拐点的研究成果，它们对该领域知识结构的形成起到连接和桥梁作用①。文献共引图谱的时区视图结果显示：共引网络中关键节点的整体分布较为平均，它们随时间过渡呈现结构性变化，国际在线临场感研究具有较强的连续性，如图 2 - 5 所示。此外，图谱中较大关键节点主要集中在2007—2009 年，这段时期是网络教学的高发期，Blog、Twitter、Facebook 等社交软件的兴起加速了在线临场感研究的发展。

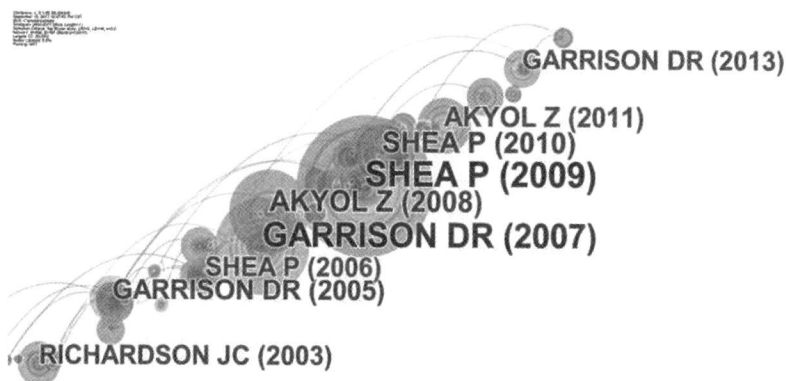

图 2 - 5　文献共引时区视图

在文献共引图谱的基础上，研究对关键节点文献进行二次索引，共获得了 9 篇高影响力的文献，这些文献凝聚了 2000 年以来国际在线临场感研究的重要成果，其中第 1—3 篇文献对教学、社会、认知等临场感进行了探索性研究，第 4 篇文献对 CoI 框架中的相关问题进行回顾并指明了在线临场感研究的发展趋势，第 5 篇文献对教学、社会、认知等临场感的整合方法进行了归纳，第 6 篇运用 CoI 框架培育

---

① Chen C. , "Searching for Intellectual Turning Points: Progressive Knowledge Domain Visualization", *Proc Natl Acad Sci USA*, Vol. 101, No. suppl, 2004.

了学习者的认知参与度和高阶思维能力，第 7 篇文献对 CoI 框架进行反思并提出了学习临场感概念，第 8 篇文献从深度学习视角分析了认知临场感的形成过程，第 9 篇文献从元认知视角规范了在线临场感的发展方向，如表 2 - 1 所示。这些研究结果表明，国际在线临场感研究注重理论探讨与实践应用并重，既有教学、社会、认知等单项临场感的实证研究，也包括各类临场感的综合运用。它们通过社会学习、深度学习、元认知、学习分析等理论应用对学习者的高阶思维能力、参与度、学习效果、学习过程等方面进行了探究。

表 2 - 1　　　　　关键节点文献信息（2000—2021）

序号	篇名	作者	年份	频次
1	Examing Social Presence in Online Courses in Relation to Students' Perceived Learning and Satisfaction	Richardson	2003	27
2	Developing learning community in online asynchronous college courses: The role of teaching presence	Shea	2006	31
3	Facilitating Cognitive Presence in Online Learning: Interaction Is Not Enough	Garrison	2005	30
4	Researching the community of inquiry framework: Review, issues, and future directions	Garrison	2007	64
5	The Development of a Community of Inquiry over Time in an Online Course: Understanding the Progression and Integration of Social, Cognitive and Teaching Presence	Akyol	2008	40
6	Community of inquiry as a theoretical framework to foster "epistemic engagement" and "cognitive presence" in online education	Shea	2009	75
7	Learningpresence: towards theory the 0facommunities of in online and blended regulation, and development inquiry learning environment	Shea	2010	46

续表

序号	篇名	作者	年份	频次
8	Understanding cognitive presence in an online and blended community of inquiry: Assessing outcomes and processes for deep approaches to learning	Akyol	2011	30
9	Toward the development of a metacognition construct for communities of inquiry	Garrison	2013	38

二　国际在线临场感的研究热点

在关键节点文献内容分析的基础上，本书对在线临场感研究的关键词进行了共现分析，关键词的共现能揭示某个研究领域的重点主题，高频关键词能反映出该领域的研究热点。通过对共现图谱中高频词研究内容、频次、中心度的分析，国际在线临场感的热点主题主要有理论研究、应用研究、效果研究、技术支持研究四个方面。

在线临场感理论研究

在线临场感理论研究的相关高频词有 Community of Inquiry、Teaching Presence、Social Presence、Cognitive Presence、Learning Presence，这些高频词主要围绕 Community of Inquiry（CoI）进行展开。CoI 框架是在线临场感研究的核心理论，它利用计算机文本交流环境，以教学经验为内核，强调教育者应充分利用教学临场感和社会临场感促进学习者的认知临场感，它以学习者高阶学习为目的，强调批判性思维以及深度学习的重要性。

通过高频词的二次索引以及施引文献的内容分析发现，在线临场感理论研究主要有 CoI 框架的模型验证、分析、反思、修订、丰富和完善等研究内容。如 Joanna 等人运用 Kolb 学习圈理论对 CoI 框架中教学经验内核进行了修订，他们认为教学经验内核包括体验、反思、解释、应用四个环节[①]。Liam Rourke 等人对 CoI 框架中的认知临场感

---

① Joanna C., Dunlap, Geeta V. et al, "Presence + Experience: A Framework for the Purposeful Design of Presence in Online Courses", *TechTrends*, Vol. 60, No. 2, 2016.

进行反思，他们认为认知临场感的不足会导致学习者深度学习的缺失①。Akyol 等人对各类临场感的功能进行整合，他们认为社会临场感能够促进情景氛围的建立以及成员间的交流关系，认知临场感能够提供问题解决实践探究的主要过程，教学临场感能够提供课程学习过程中的教学领导力②。Shea 等人发现在 CoI 框架中存在一个新兴的理论结构即学习临场感，它可以协调各个临场感之间的关系③。Cleveland-Innes 等人发现情感临场感可以作为 CoI 框架中的新增要素，它是指学习者个体以及个体之间在感觉、情绪、情感等方面的外在表现④。Armellini 等人提出了以社会临场感为核心的探究社区框架，他们认为教学临场感和认知临场感存在着社会化趋势⑤。这些研究表明，CoI 框架作为在线临场感研究的核心理论一直是国际学界在线临场感研究的热点内容。

在线临场感应用研究

在线临场感应用研究的相关高频词主要有 Online Learning、Online Environment、Design、Online Discussion、Instruction，通过高频词的二次文献索引以及施引文献的内容分析发现，在线临场感应用研究主要集中在 CoI 框架应用方面，研究者们运用 CoI 框架对在线教育的相关概念、在线学习环境、网络教学策略与方法、社会交互等内容进行了

① Liam Rourke, Heather Kanuka, "Learning in Communities of Inquiry: A Review of the Literature", *Journal of Distance Education*, Vol. 23, No. 1, 2009.

② Akyol Z., Garrison D. R., "Understanding Cognitive Presence in an Online and Blended Community of Inquiry: Assessing Outcomes and Processes for Deep Approaches to Learning", *British Journal of Educational Technology*, Vol. 42, No. 2, 2011.

③ Shea P., Bidjerano T., "Learning Presence: Towards a Theory of Self-efficacy, Self-regulation, and the Development of a Communities of Inquiry in Online and Blended Learning Environments", *Computers & Education*, Vol. 55, No. 4, 2010.

④ Cleveland-Innes M., Campbell P., "Emotional Presence, Learning, and the Online Learning Environment", *International Review of Research in Open & Distance Learning*, Vol. 13, No. 4, 2012.

⑤ Armellini A., Stefani M. D., "Social Presence in the 21st Century: an Adjustment to the Community of Inquiry Framework", *British Journal of Educational Technology*, Vol. 47, No. 6, 2015.

描述、解释与评估。如 Coll 等人运用 CoI 框架描述了在线教学的构成，他们认为在线教学的过程包括教学内容、学业任务、社会参与等部分①。Khoo 运用 CoI 框架描述了在线学习环境的构建，他们认为在线学习环境正在从自主学习向协作学习进行转换②。Lu 等人认为基于 CoI 框架的课程嵌入测量模型能提升学习者的学习粘性，促进学习者的双路径学习③。Kennedy 认为基于 CoI 框架的浸泡教学法能有效评估批判性思维等高阶认知形式④，Kenny 认为 CoI 框架中讨论组是最成功的交互形式，接下来是合作组与协作组⑤。这些研究表明，CoI 框架的有效应用能够优化学习者的学习路径，提升学习者的参与度及粘性，评估学习者的学习行为。

在线临场感效果研究

在线临场感效果研究的相关高频词主要有 Student、Satisfaction、Perception、Performance、Engagement、Impact，通过高频词的二次文献索引以及施引文献的内容分析发现，在线临场感效果研究主要有学习者的满意度、感知、成效、影响因素、话语质量等研究内容。如 Hosler 等人认为学习者的教学临场感水平与学习者满意度之间呈显著相关性⑥，Dajani 认为社会临场感水平与学习者满意度之间存在着明

---

① Coll C. , M. J. , Rochera, ID Gispert, "Supporting Online Collaborative Learning in Small Groups: Teacher Feedback on Learning Content, Academic Task and Social Participation", *Computers & Education*, Vol. 75, 2014.

② Khoo E. G. , *Developing an Online Learning Community: A Strategy for Improving Lecturer and Student Learning Experiences*, New Zealand: The University of Waikato, 2010, pp. 4 – 5.

③ Lu J. , Hayes L. A. , Yu C. S. , "Improving MIS Education in an Online Learning Environment through Course-Embedded Measurement", *International Journal of Innovation and Learning*, Vol. 6, No. 6, 2009.

④ Kennedy S. , *Infusing Critical Thinking into an Employability Skills Program: The Effectiveness of an Immersion Approach*, Australia: Edith Cowan University, 2010, p. 5.

⑤ Kenny M. A. , "Discussion, Cooperation, Collaboration: The Impact of Task Structure on Student Interaction in a Web-Based Translation", *The ITB Journal*, Vol. 15, No. 1, 2014.

⑥ Hosler K. A. , *Examining the Effects of Teaching Presence on Student Satisfaction in Fully Online Learning Environments*, Florida: Nova Southeastern University, 2009, pp. 78 – 85.

显的相关性①，Russo 等人认为认知临场感水平与学习者满意度之间具有一定的相关性②。LaMendola 等人认为学习者在线讨论的效果优于面对面交流的效果③，Gorsky 等人认为教学临场感和社会临场感以及教育者的反应时间是在线教学有效性的重要影响因素④。Swan 认为教学临场感对学习者感知学习以及满意度起到最重要的影响⑤，Richardson 等人认为社会临场感对学习者感知学习具有最重要的影响⑥，Jie Chi Yang 等人认为认知临场感对在线学习效果具有最重要的影响⑦，Mykota 等人认为学习者通过获得比较高的社会临场感，能够更专注于认知临场感⑧。

　　这些研究表明，在线临场感的效果受到课程性质、教育者的领导力、技术工具、学习者的学习风格等因素的影响，教学、社会、认知等临场感形式对学习效果的影响具有不确定性。由于教学、社会、认知等临场感之间具有非常紧密的联系，学习者在不同时期对各类临场感的依赖可能会存在着差异性。在网络学习初期学习者受到自身知识能力的局限对教学临场感会比较依赖，随着学习活动的推进，同伴之

① Dajani F. K. , *Examining Social Presence Influence on Students' Satisfaction with Online Learning Environments*, Arizona：Northcentral University, 2014, p. 4.

② Russo T. , Benson S. , "Learning with Invisible Others：Perceptions of Online Presence and Their Relationship to Cognitive and Affective Learning", *Educational Technology & Society*, Vol. 8, No. 1, 2005.

③ LaMendola W. , Ballantyne N. , Daly E. , "Practitioner Networks：Professional Learning in the Twenty-First Century", *British Journal of Social Work*, Vol. 39, No. 4, 2009.

④ Gorsky P. , Blau I. , "Online Teaching Effectiveness：A Tale of Two Instructors", *The International Review of Research in Open and Distance Learning*, Vol. 10, No. 3, 2009.

⑤ Swan K. , *Learning online：Current Research on Issues of Interface, Teaching Presence and Learner Characteristics*, MA：Sloan Center for Online Education, 2004, pp. 63 – 79.

⑥ Richardson J. C. , Swan K. , "An Examination of Social Presence in Online Courses in Relation to Students' Perceived Learning and Satisfaction", *Journal of Asynchronous Learning Network*, Vol. 7, No. 1, 2003.

⑦ Jie Chi Yang, Benazir Quadir, Nian-Shing Chen et al, "Effects of Online Presence on Learning Performance in a Blog-Based Online Course", *Internet and Higher Education*, No. 30, 2016.

⑧ Mykota D. , Duncan R. , "Learner Characteristics as Predictors of Online Social Presence", *Canadian Journal of Education*, Vol. 30, No. 1, 2007.

间的社会临场感将对学习者学习产生比较大的影响，当教学临场感和社会临场感足够充分时，认知临场感将会对学习者的学习产生影响。

在线临场感的技术支持研究

在线临场感技术支持研究的相关高频词主要有 Technology、Facebook、Social Media、Forum、Blog、Support，通过对高频词的二次文献索引以及施引文献的内容分析发现，在线临场感研究具有鲜明的技术特性，新技术的应用不断推动着在线临场感的发展。早期在线临场感研究主要是在计算机文本交流环境下实现，常见有聊天室、论坛等。随着社交软件的风靡，研究者们不再局限于计算机文本交流的形式，他们开始使用 Blog、Facebook 以及 Twitter 等工具在完全在线课程或混合课程中构建临场感环境。近年来随着智能终端的快速发展，学习者的学习环境得到无限拓展，媒介交流表达形式进一步丰富，研究者们陆续将语音、图片、视频等媒介形式作为临场感环境实现的主要手段，如 Richardson 等人发现音频反馈比文本交流更能增强学习者对教育者的感知、临场感意识以及课程内容的理解[1]，Yuping Wang 等人发现文本、语音、视频等工具的综合运用能够促进学习者对在线临场感环境的感知[2]。这些研究表明，在线临场感的发展离不开技术工具的支持，技术工具的智能化让学习者更加专注于自身的学习体验，教育者需要明确为学习者提供哪些工具以及它们应用的目的。

三　国际在线临场感的研究趋势

突现主题词能够探测某一学科发展的新兴趋势和突然变化，突现词是短时间内出现较多或使用频率较高的主题词，突现词的演变路径可以在一定程度上揭示某个研究领域的发展趋势，挖掘潜在的、有价

---

[1]　Richardson J. C. , Ice P. , *Assessing the Integration of New Technologies in Online Learning Environments with the Community of Inquiry framework*, Bucharest：National Defence Publishing House, 2009, p. 8.

[2]　Wang Yuping, Fang Wei-Chieh, Han Julia et al, "Exploring the Affordances of WeChat for Facilitating Teaching, Social and Cognitive Presence in Semi-synchronous Language Exchange", *Australasian Journal of Educational Technology*, Vol. 32, No. 4, 2016.

值的研究方向①。突现主题词的演变结果表明：在线临场感研究的前沿主题主要有学习临场感应用研究、认知临场感理论研究、元认知应用研究三个方面。

学习临场感应用研究

在网络学习社区中教育者与学习者分别扮演着不同的角色。教育者在学习者参与下进行课程预设，学习者却不能在课程开始前进行学习预设，学习者需要积极参与话语讨论才能不断产出学习成果，展示他们作为学习者的独特身份。他们必须持续展示日益增长的能力，才能由网络学习社区的外围逐步趋向网络学习社区的中心。而教育者则无需采用同样的参与方式，他们在学习者知识建构之前就已经占据了学习活动的中心位置，他们是专家型的参与者，有权力评估学习者的学习表现并给予他们相应的成绩②。对于教育者来说，学习已不再是单向的推送，他们更需要对学习者的自我规范以及同伴之间的共同规范给予支持，促进学习者由网络学习社区边缘向中心努力。在学习分析技术的支持下，学习临场感能够解释学习者由社区边缘向中心移动的过程，从参与度的视角呈现教师与学生共同的成长历程，这是在线临场感研究的未来方向。

认知临场感理论研究

在网络学习社区中学习者通过知识反思与话语运用，促进知识意义的分析、建构和确认，逐步实现认知临场感。认知临场感是评估学习者批判性思维的有效手段，只有学习者在一起合作学习时，推理、观察、连接、验证和组织等高阶认知能力才能够产生更好的结果③。认知临场感描述的是学习者高阶思维的发展过程而非单一的学习成果，它代表着学习者高阶学习目标的实现程度。认知临场感的产生并

---

① 陈超美：《CiteSpace II：科学文献中新趋势与新动态的识别与可视化》，《情报学报》2009 年第 3 期。

② Shea P., Hayes S., Uzuner-Smith S. et al, "Reconceptualizing the Community of Inquiry Framework：An Exploratory Analysis", *Internet & Higher Education*, Vol. 23, No. 5, 2014.

③ Gutiérrezsantiuste E., Rodríguezsabiote C., Gallegoarrufat M., "Cognitive Presence through Social and Teaching Presence in Communities of Inquiry：A Correlational - Predictive Study", *Australasian Journal of Educational Technology*, Vol. 31, No. 3, 2015.

不是一蹴而就的，学习者个体与群体之间的融合是创建认知临场感的关键，它需要教学临场感和社会临场感的共同促进和维系。当学习者的教学临场感和社会临场感足够强大时，认知临场感也会随之产生。随着社交媒体以及移动互联网技术的广泛应用，知识的讨论将会更加便捷，认知临场感的实现将具有更大的可能性与实现途径。

元认知应用研究

元认知应用是认知的认知，它包括认知主体在自我认知过程中的知识以及调控自我认知过程的能力。在网络学习社区中学习者并不是孤立地学习，他不仅要对自己的学习负责，也要对同伴的学习负责。元认知是学习者内部知识构建和协作学习活动之间的中介，它发生在认知临场感（探究过程）与教学临场感（元认知意识）之间的交叉点上。元认知既是一个自我学习过程也是一个社会学习过程，学习者必须超越对自我的约束，才能在自我约束和共同调节之间达到一个动态平衡①。随着智能终端的普及以及社会性分享的出现为临场感环境中元认知技能的应用提供了技术支持，元认知将会成为教学、社会、认知等临场感的聚集点，这对于网络学习社区中培育一个有效的探究学习者是至关重要的。

四 国际在线临场感的研究评述

本书通过 2000 年以来 Web of Science 数据库中相关文献的可视化分析，客观准确地呈现了国际在线临场感研究的现状、热点及趋势，主要形成了如下结论。

国际在线临场感研究的覆盖面广

国际在线临场感研究共涵盖了 6 大洲、64 个国家地区、近千名学者，其中北美地区的学者在临场感研究中具有核心地位，加拿大 Garrison 教授及其同事一直引领着在线临场感研究的发展，他们是国际在

---

① Garrison D. R., Akyol Z., "Toward the Development of a Metacognition Construct for Communities of Inquiry", *Internet & Higher Education*, Vol. 17, No. 1, 2013.

线临场感研究的高影响力作者、核心作者及团队，他们的研究成果对在线临场感的形成与传播起到了决定性的推动作用，这些成果对于国内在线开放课程的应用、混合式课程建设以及网络学习空间的社区培育具有重要的借鉴价值。

技术变革是在线临场感研究发展的内驱力

从早期作坊式的论坛、聊天室到 Blog、Twitter、Facebook 等社交工具，从 Blackboard、Sakai、Moodle 等课程管理系统到 Coursera、Udacity、edX、中国大学 MOOC、超星尔雅、智慧树、学堂在线等在线开放课程云平台，从计算机支持的文本交互到智能终端的富媒体交互。每一次技术变革都在推动着在线临场感研究的发展，打破了网络学习社区中教育者和学习者之间的平衡关系。当前我们的学习者已经是互联网的"原住民"，技术素养已经融入并成为他们学习生活的一部分，他们对网络学习社区中探究学习有着天然的适应力。而我们的教育者依旧是互联网的"新移民"，他们更需要快速地掌握学习工具的技术特性，为学习者营造舒适的临场感环境。从技术视角，教育者已经从技术输出者转变为技术输入者，而学习者则由技术输入者转换为技术输出者。

聚焦学习体验为中心的高阶认知学习

自 2000 年以来国际在线临场感研究的热点不断进行演变与拓展，主要包括理论研究、实践应用、效果分析、技术支持等多个层面，它们覆盖了在线学习以及混合学习的大部分教学环节。从总体上看国际在线临场感研究呈现两大变化：一是由教育者为中心的知识活动推送研究向学习者为核心的学习体验研究转变；二是由低阶的教学临场感研究向高阶的认知临场感研究转变。现阶段国内在线开放课程的应用以及网络学习空间的建设多数还停留在知识活动推送阶段，视频学习成为网络学习活动的主体，学习者的参与度及粘性普遍不强，学习者的高阶思维能力还有待提高，面向学习者体验的高阶临场感环境亟需建立。

第二节　在线临场感理论框架的构建依据

通过对国际在线临场感研究文献的梳理发现，技术变革是在线临场感研究发展的内驱力，随着大数据以及人工智能技术的教育应用，在线临场感理论的内核正在发生变化，这为在线临场感理论框架的构建提供了可能。

一　在线临场感理论框架的相关概念界定

网络学习空间

关于网络学习空间的定义，国内学术界不同学者对于网络学习空间持有不同观点，有学者认为早期的 Blackboard、Moodle、THEOL 等网络教学平台属于网络学习空间的一种形式①，也有学者认为网络学习空间是指支持学习活动发生的任何网络环境②，还有学者认为网络学习空间是由社会化软件和网络学习平台支持的在线学习活动空间③。这些观点归纳起来即网络学习空间包括广义层面和狭义层面，广义层面的网络学习空间是指各类学习管理系统以及在线教育平台为教育者和学习者提供的学习空间④；狭义层面的网络学习空间是指为教师、学生和家长等不同角色提供的面向个性化信息服务的社交学习平台⑤。

本书采用的网络学习空间是在线开放课程学习空间，它属于广义层面的网络学习空间，该学习空间在国内多所高校中使用，在实践中得到了教育者和学习者的检验。该空间具备常见网络学习空间的通用功能，具有 PC 和 App 版本，两者之间学习数据互联互通，数据的反馈结果能够帮助教育者准确掌握学习者的学习状态。它提供了视频控制、播放弹幕、教学直播、教学通知、学生督学、在线考试、电子签

---

① 杨现民、赵鑫硕、刘雅馨、潘青青、陈世超：《网络学习空间的发展：内涵、阶段与建议》，《中国电化教育》2016 年第 4 期。

② 朱珂：《网络学习空间中学习者交互分析模型及应用研究》，《电化教育研究》2017 年第 5 期。

③ 张思、刘清堂、雷诗捷、王亚如：《网络学习空间中学习者学习投入的研究——网络学习行为的大数据分析》，《中国电化教育》2017 年第 4 期。

④ 吴忠良、赵磊：《基于网络学习空间的翻转课堂教学模式初探》，《中国电化教育》2014 年第 4 期。

⑤ 张子石、金义富、吴涛：《网络学习空间平台的规划与设计——以未来教育空间站为例》，《中国电化教育》2015 年第 4 期。

到、讨论给分、同伴互评、小组学习、即时聊天等功能，在知识呈现、师生互动、教学评价等环节实现了生态闭环，满足了在线临场感环境创设的技术要求①。

混合学习

关于混合学习的界定，最初意译自 Blend Learning，即面对面教学与在线学习的结合。随着物联网、云计算、大数据、泛在网络等新一代信息技术的出现，混合学习正在呈现智能化趋势，课堂教学与网络教学的界限已经被打破，面授学习和在线学习之间的界限将越来越模糊。Bates 认为所有技术和面授教学相结合的学习都称作"混合学习"，随着技术应用的程度不同，混合的程度也不同，混合学习正在由物理环境混合向复合学习转变。复合式学习不再是有意或偶然的情境下使用技术，而是对整个教与学系统进行重新设计，在面授学习和在线学习之间实现最佳的协同作用②。

本书采用的混合学习属于复合式学习范畴，它是在课程目标的指导下，以优化学习效果为目的，以学习者为中心，利用线上线下的物理混合方式，实现教学内容、教学资源、教学模式、教学方法、教学评价等方面的化学融合。

在线临场感

临场感源于 Presence 一词，国内有不同的译法，如临场感、存在感、存在、在场等，在教育领域中研究者们多采用临场感和存在感作为 Presence 的代名词，本书统一采用临场感这一名称。关于现代信息技术引发的临场感现象，主要包括空间类临场感（Telepresence）和社交类临场感（Social Presence）两个类型③。空间类临场感是指个体在人造或远距的环境中自身知觉的总称，它描述虚拟环境下个体的一

---

① 李文、吴祥恩、王以宁、陈晓慧：《MOOCs 学习空间中在线临场感的社会网络分析》，《远程教育杂志》2018 年第 2 期。

② Bates A. W., *Teaching in a Digital Age-Second Edition：Guidelines for Designing Teaching and Learning*, Columbia：BCcampus, 2019, p. 38.

③ IJsselsteijn, Wijnand A., et al, "Presence：Concept, Determinants, and Measurement.", *Human Vision and Electronic Imaging V*, Vol. 3959, 2000.

种主观体验①，特指个体在虚拟空间中想象地理位置的能力，常见的有虚拟现实技术营造的临场感环境。社交类临场感是指个体在远距的时间和地点时建立的存在关系，在社交类临场感环境中个体能够感知到人际交流的过程及结果，社交类临场感常用于描述个体感受到与对方在一起的意识程度，特指与他人的共在感②。

本书采用的在线临场感意译于 Online Presence 一词，它属于社交类临场感类型。它是指网络环境中个体自身建立存在关系的一种能力③，反映了学习者在线学习过程中的心理状态，体现了学习者与教育者、同伴之间在情感、环境、行为、动作、认知等方面的相互作用过程，它能够促进学习者高阶层面的心理发展过程④。

二　在线临场感理论框架的理论基础

社会学习理论

社会学习理论是1977年班杜拉提出的，他认为人可以通过观察他人的行为表现，学会新的行为反应。班杜拉对环境决定论和个人决定论进行了批判，强调社会学习过程中行为、认知和环境之间的相互作用。

1. 交互决定论

交互决定论是指环境、认知与人的行为三者之间的互惠关系⑤，环境的影响作用占有绝对优势。当学习者个体行为受到自身的意识、信念以及情绪等因素的影响时，个体的意识、信念和情绪会受到学习者群体所处的环境影响。同时，学习者个体的行为也会对群体所处的环境造成一定的影响，也就是说，学习者个体的行为、认知、环境是

---

① Minsky M. "Telepresence", *OMNI Magazine*, No. 6, 1980.

② 吕洪兵：《B2C网店社会临场感与粘性倾向的关系研究》，博士学位论文，大连理工大学，2012年，第41页。

③ Irwin C., Berge Z., "Socialization in the Online Classroom", *E-Journal of Instructional Science and Technology*, Vol. 9, No. 1, 2006.

④ 吴祥恩：《TSELC在线临场感理论框架构建及应用研究》，博士学位论文，东北师范大学，2018年，第29页。

⑤ 蒋晓：《试论班杜拉社会学习理论及其教育意义》，《华东师范大学学报（教育科学版）》1987年第1期。

一种不对称的动态变化关系。对于学习者个体来说，环境对其自身意识、信念以及情绪等方面的影响，并不是即时完成的，它需要一段时间进行适应；同样，个体行为对环境的改变，也需要个体通过一定的时间来完成和实现。

2. 观察学习方法论

班杜拉认为人类的大多数行为都是通过观察示范过程学会的[1]。在学习环境中榜样对学习者知识和能力的学习具有一定的社会示范效应，学习者对榜样的观察学习远比个体学习更加快捷。学习者通过观察榜样的示范行为，将其转化为自身行为的一部分。榜样的行为转化主要表现在三个方面：一是过程的注意，学习者集中自身的注意力观察榜样在行动中的细节变化，在观察过程中获得收获；二是过程的保持，学习者将观察到的榜样行为转变为合理性的记忆；三是过程的生成，学习者结合自身特点将观察到的行为转化为自身的行为，完成对榜样行为的观察。

3. 自我效能感

自我效能是个体对于自我能力知觉的一种判断，它是促进个体对行为、思维以及情绪反应的重要因素[2]。在榜样观察的过程中，由于学习者在认知、情感以及能力等方面存在差异，当他们将榜样的行为转化为自身行为的过程中，将会产生优于或低于榜样行为的情形，进而形成向上的"动能"。学习者的自我效能并不会自动产生，它主要受到三方面因素的制约：一是学习者的良性学习体验会提升学习者的自我效能感，反之，则会降低他们的自我效能感；二是学习者的情绪以及心理状态会影响自我效能感的产生，积极情绪会产生较高的自我效能感，反之，则会降低他们的自我效能感；三是学习者所处的环境影响着学习者的自我效能感，当学习者进入一个陌生环境时，他们容

---

① ［美］阿尔伯特·班杜拉：《社会学习理论》，陈欣银、李伯黍译，中国人民大学出版社2015年版，第18页。

② ［美］弗雷德·鲁森斯：《组织行为学》，王垒等译校，人民邮电出版社2009年版，第218页。

易产生焦虑，这会降低他们的自我效能感①。

4. 自我调节

自我调节是学习者为了达成目标自主产生的思想、情感和行为的过程②。自我调节以监控和管理为重点、以目标和绩效为依据，内部学习过程、外在行为表现和学习环境是自我调节过程的核心要素③。由于线上学习具有灵活性、随时性和去中心化等特点，它需要学习者使用更多的自我调节技能。自我调节能力强的学习者会不断调整自身的动机、情感、行为和认知，获得更大的成功机会④。

由此可见，在网络学习空间中学习者的在线学习行为会受到自身的先行经验、个人信念、学习动机、期望值和自我效能等因素的影响，同时，外部环境也制约着学习者在线学习行为的产生，这些外部环境包括网络学习空间的整体氛围以及同伴学习行为的个体呈现等⑤。由于学习者的行为、个体和环境三个要素之间是双向互动的关系，学习者在网络社区中的学习，会受到学习者的信念、动机和期望等因素的影响，反过来，学习者自我效能的激发以及自我调节能力的加强，也会带动同伴进行协作学习，进而影响整个网络社区的学习氛围。

在社会学习理论的指导下，教育者在网络学习社区中构建在线临场感环境，可以通过榜样的树立，让学习者通过观察学习，产生学习向上的"动能"。学习者之间通过频繁的在线情感交流，可以激发学

① 鲍文丽：《班杜拉社会学习理论对成人教育发展启示》，《中国成人教育》2017 年第 4 期。

② 乐国安、纪海英：《班杜拉社会认知观的自我调节理论研究及展望》，《南开学报（哲学社会科学版）》2007 年第 5 期。

③ Zimmerman B. J., " Investigating Self-Regulation and Motivation: Historical Background, Methodological Developments, and Future Prospects", *American Educational Research Journal*, Vol. 45, No. 1, 2008.

④ 邓国民、韩锡斌、杨娟：《基于 OERs 的自我调节学习行为对学习成效的影响》，《电化教育研究》2016 年第 3 期。

⑤ 徐鹏：《教师整合技术的学科教学知识影响因素模型构建研究》，博士学位论文，东北师范大学，2014 年，第 34 页。

习者的自我效能，促进学习者的自我调节能力，最终实现整体向上的学习氛围。

建构主义学习理论

建构主义学习理论认为学习不是被动的灌输，而是学习者进行主动意义建构的过程，学习者是学习活动的主体，教育者由权威的领导者转变为学习者学习的辅助者[①]。

1. 认知建构主义

认知建构主义强调个体对知识的建构，它认为学习者在与周围环境相互作用的过程中逐步发展了自身的认知结构，这个过程通过"同化"和"顺应"来完成。"同化"是个体把学习环境中的信息整合到自身的认知结构中，它是一个量变的过程。"顺应"是个体的认知结构发生改变，它是一个质变的过程。学习者通过"同化"与"顺应"这两个过程，实现了个体与学习环境的平衡。当学习者具备使用现有的"图式"去"同化"新的知识信息时，学习处于一种平衡的认知状态。当学习者现有"图式"不能同化新的知识信息时，平衡则被破坏，学习者需要通过"顺应"达到新的平衡。学习者个体认知是在"同化"与"顺应"之间不断地进行平衡与再平衡的过程[②]，平衡是保持这两个内在极端行为"同化"和"顺应"之间进行动态自我调节的行为，而学习则是一个同时深度参与"同化"和"顺应"的平衡过程。认知建构主义认为知识是由个体依靠自己的努力建构获得的，学习主要发生在个体认知层面。

2. 社会建构主义

社会建构主义认为社会交互是认知发展的基础，学习的发生不再是个体对知识进行同化和顺应的过程，而是在一个实践共同体中分享多样化观点的意义建构过程。社会建构主义使用最近发展区、主体间

---

① 张煜锟、陈晓慧、魏森：《近 20 年来教学设计国际观评述》，《现代远距离教育》2014 年第 2 期。

② 何克抗：《建构主义——革新传统教学的理论基础（上）》，《电化教育研究》1997 年第 3 期。

性、文化适应解释学习者的学习过程，最近发展区是为了促进新手的自发概念与专家的逻辑推理相匹配，主体间性是通过有效的交流使新手和专家之间达到共同的理解，文化适应是指个体的学习过程需要适应人们公认的准则和价值观①。最近发展区理论将知识划分为三个层次，内在层次代表了学习者在没有帮助的情况下能够做到的事情，而外在层次代表了学习者根本无法做到的事情，这两个层次之间是最近发展区，在这个区域内学习者需要在外界的指导下完成学习②。

简言之，从建构主义的观点来看，学习者的个体学习与社会学习之间存在关联性，人的学习首先发生在个体层面，然后才是社会层面，这对于网络学习空间中在线临场感环境的营造具有重要的指导意义。在线临场感环境的营造需要将学习者的个体认知与社会认知进行整合，将个体学习融入到社会学习中，个体学习是社会学习的基础。在网络学习空间中教育者需要为学习者提供足够丰富的教学内容，营造一个真实的任务情境，学习者与同伴、教育者共同参与任务定制，生成观点，分享资源，进行协商，综合个体与他人的想法完成任务。

关联主义学习理论

关联主义认为新技术的出现会改变人们的思维方式，所有的事物都不是单独存在的，每一个事物都与其他事物具有关联性。学习是在节点的支持下通过连接形成认知网络的过程，学习的目的不是为了记住或理解所有的知识信息，而是在适当时间、适当地点，准确找到知识，并对其进行应用的能力。在关联主义的指导下，学习环境中各个知识内容以及学习活动之间具有一定的相关性③，教育者需要为学习者提供具有丰富多样的教学资源或链接节点，这样才能满足学习者对认知网络构建的需求。

---

① ［韩］吴咏荷、［美］托马斯·希·里夫斯、王志军：《网络学习中的有意义交互：社会建构主义的视角》，《中国远程教育》2014 年第 1 期。

② Vygotsky L. S. , *Mind in society：The Development of Higher Mental Processes*，Cambridge，MA：Harvard University Press，1978，p. 86.

③ 王佑镁、祝智庭：《从联结主义到联通主义：学习理论的新取向》，《中国电化教育》2006 年第 3 期。

在关联主义学习理论的指导下，在线临场感环境的营造需要向学习者提供各种强大的学习网络，同时，确信学习者能够熟练使用这些网络完成学习任务。教育者需要向学习者提供各种机会，帮助学习者建立多样化的学习网络，如学习资源网络、社会交往网络等，激发他们的认知网络技能和网络临场等方面的自我效能感。在关联主义学习环境中在线交互不再局限于师生一对一的交流，也不再局限于小组交互和学习管理系统的活动。学习者面对的不仅有来自自主探究的知识，还得益于同伴的知识和学习活动。网络中自然而然发生的交互增强了学习者的在线临场感，随着学习进程的推进，学习者的行动和活动产生的痕迹将凝聚成一个突现聚合体，这个聚合体反映了学习者之间的群体思维，对新进学习者的学习具有指导和借鉴作用①。

探究社区理论

1. 探究社区理论的提出

2000 年加拿大学者 Garrison 教授等人提出探究社区框架（CoI 框架），CoI 框架以教育经验为内核，将在线临场感的构成划分为教学临场感、社会临场感、认知临场感等形式。CoI 框架系统性地描述了临场感各类型之间的交互作用关系，它强调教育者应充分利用教学临场感和社会临场感促进学习者的认知临场感，如图 2 - 6 所示。CoI 框架为研究者提供一个模板或工具分析文本记录，它为每一个临场感形式提供了可供测量的指标②，指导教育者最优化使用计算机研讨形式促进教育传播。CoI 框架以促进学习者的高阶思维和深度学习为目的，强调批判性思维的重要性，认知临场感的建立是学习者实现深度学习的重要途径。

---

① ［加］特里·安德森、［英］乔恩·德龙、肖俊洪：《三代远程教育教学法理论》，《中国远程教育》2013 年第 6 期。

② Garrison D. R. , Anderson T. , Archer W. , "Critical Inquiry in a Text-Based Environment: Computer Conferencing in Higher Education", *The Internet and Higher Education*, Vol. 2 , No. 2 - 3 , 2000.

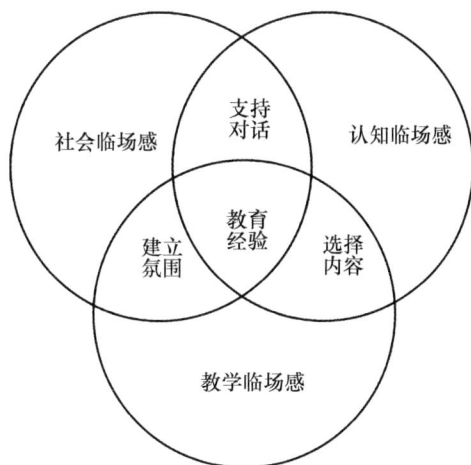

图 2 - 6　CoI 探究社区框架

2. 探究社区理论的修订

CoI 框架的提出对于创建一个教育探究社区以及批判性思维的培养具有巨大的研究价值，研究者们从多个视角对其进行了实践应用与反思。Liam Rourke 等人发现 CoI 框架中对认知临场感的描述缺少深度且有意义学习的实现过程①。Kanuka 等人发现认知临场感中有效话题的不足会导致学习者深度学习的缺失以及学习效果方面验证的不足②。JÉZÉGOU 对 CoI 框架的理论基础进行了建设性的批判分析，认为 CoI 框架的理论基础还没有明确，CoI 框架需要对相关概念、理论和认识论的"锚"给予更多的阐述，以及提供出更加具体的实例和清晰的实现过程③。

针对研究者们的这些观点，Akyol 等人对 CoI 框架中教学、社会、

---

① Liam Rourke，Heather Kanuka，"Learning in Communities of Inquiry：A Review of the Literature"，*Journal of Distance Education*，Vol. 23，No. 1，2009.

② Kanuka H.，Rourke L.，Laflamme E.，"The Influence of Instructional Methods on the Quality of Online Discussion"，*British Journal of Educational Technology*，Vol. 38，No. 2，2007.

③ JÉZÉGOU A.，"Community of Inquiry in E-Learning：a Critical Analysis of the Garrison and Anderson Model"，*Journal of Distance Education*，Vol. 24，No. 3，2011.

认知等临场感之间的关系①、以及认知临场感与学习者的感知和学习成效之间的关系进行了实证研究②。2011 年 Garrison 等人对 CoI 框架进行了第一次修订，第二版 CoI 框架的不同之处在于将原先教学临场感和认知临场感的重合区域"教学内容选择"修正为"调节式学习"③。2012 年 Akyol 和 Garrison 等人从元认知视角规范了在线临场感的发展方向，对 CoI 框架进行第二次修订，将第二版中"调节式学习"调整为"监控和调节学习"④，如图 2 – 7 所示。

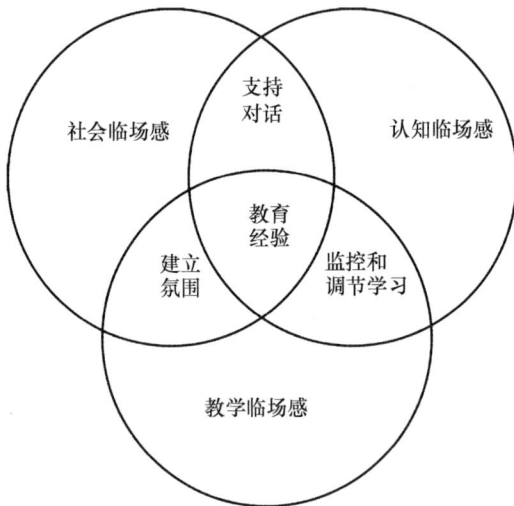

图 2 – 7　CoI 探究社区框架（第二次修订）

---

①　Akyol Z., Garrison D. R., "The Development of a Community of Inquiry over Time in an Online Course：Understanding the Progression and Integration of Social, Cognitive and Teaching Presence", *Journal of Asynchronous Learning Networks*, Vol. 12, No. 3, 2008.

②　Akyol Z., Garrison D. R., "Understanding Cognitive Presence in an Online and Blended Community of Inquiry：Assessing Outcomes and Processes for Deep Approaches to Learning", *British Journal of Educational Technology*, Vol. 42, No. 2, 2011.

③　Garrison D. R., *E-learning in the 21st Century：a Framework for Research and Practice*, New York：Routledge. 2011, pp. 110 – 120.

④　Akyol Z., Garrison D. R., *Educational Communities of Inquiry：Theoretical Framework, Research and Practice*, IGI Global, 2012, p. 347.

3. 探究社区理论的拓展

（1）学习临场感探究社区框架

2010 年 Shea 等人通过对在线学习社区中学习者自我效能感的测量，发现探究社区中各个要素之间呈正相关性，在线临场感各要素之间存在一个新兴的理论结构即学习临场感[①]。2012 年 Shea 等人发现在 CoI 框架中运用学习临场感能够解释学习者学习行为的有效性，他们认为学习临场感包括考虑、计划、监控和策略使用等不同的组成部分，认为当学习者积极地进行合作时，学习临场感是显而易见的。尽管在整个讨论过程中"考虑、计划、监控、策略使用"这些活动的出现远远少于学习者的协作活动，但复杂协作活动的教学设计可以培养学生的学习能力。教学临场感是提高学习临场感的有效途径，教师的职责是提高学习者的学习意识并鼓励学习者理解自我调节学习过程的益处。他们认为各个临场感之间存在互惠关系，设计了学习临场感探究社区框架[②]，如图 2 - 8 所示。

他们的研究结果表明，在复杂的学习活动中学习临场感能够促进协作学习，它能通过学习者的自我调节，协调各个临场感之间的关系[③]。相对于 CoI 框架来说，学习临场感探究社区框架虽然将学习临场感作为在线临场感的一个重要组成部分，但它更强调社会临场感的重要性，它认为在网络探究社区中存在社会学习临场感、社会教学临场感、社会认知临场感等形式[④]。学习临场感的另一个贡献在于它注重对学习绩效的监控，传统 CoI 框架主要专注于学习者的学习过程，

---

① Shea P., Bidjerano T., "Learning Presence: Towards a Theory of Self-efficacy, Self-regulation, and the Development of a Communities of Inquiry in Online and Blended Learning Environments", *Computers & Education*, Vol. 55, No. 4, 2010.

② Shea P., Hayes S., Smith S. U., et al, "Learning Presence: Additional Research on a New Conceptual Element within the Community of Inquiry (CoI) Framework", *Internet and Higher Education*, Vol. 15, No. 2, 2012.

③ Shea P., Bidjerano T., "Learning Presence as a Moderator in the Community of Inquiry Model", *Computers & Education*, Vol. 59, No. 2, 2012.

④ Shea P., Hayes S., Uzuner-Smith S., et al, "Reconceptualizing the Community of Inquiry Framework: An Exploratory Analysis", *Internet & Higher Education*, Vol. 23, No. 5, 2014.

学习者的学习效果难以更好地进行测量，而学习临场感则能够更好地监控学习者的学习效果，虽然学习临场感和元认知都是网络探究社区中面向高阶学习的解决方法，但对于教育者来说学习临场感比元认知更容易理解，具有更可行的操作性。

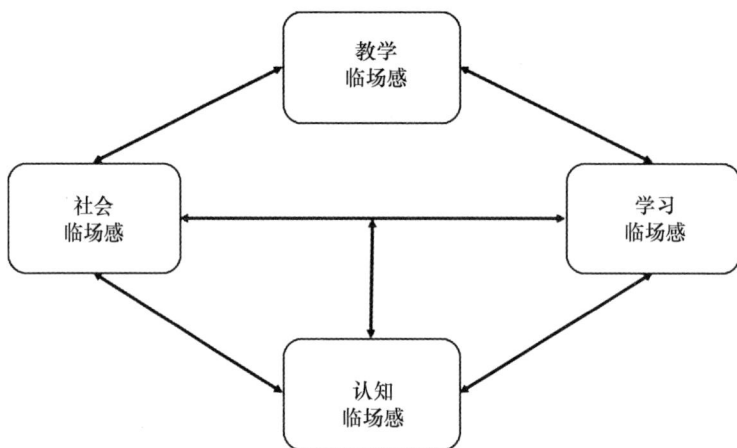

图 2-8 学习临场感探究社区框架

（2）社会临场感探究社区框架

2015 年 Armellini 等人发现 CoI 框架中的教学临场感和认知临场感正在呈现"社会化"趋势，他们认为社会临场感比教学临场感和认知临场感扮演着更加突出的角色，它对于学习参与度、意义建构、同伴支持具有重要地杠杆作用。他们将学习体验作为教学临场感、社会临场感、认知临场感的重合区域，对 CoI 框架进行了进一步修改，提出了以社会临场感为核心的探究社区框架[1]，如图 2-9 所示。同 CoI 框架不同，社会临场感探究社区框架更加强调社会临场感在网络探究

————————

① Armellini A., Stefani M. D., "Social presence in the 21st Century：An Adjustment to the Community of Inquiry Framework", *British Journal of Educational Technology*, Vol. 47, No. 6, 2015.

社区中的核心地位，它将学习经验作为在线临场感的研究内核。一直以来 CoI 框架都是以教育者的教学经验为内核，即教育者通过营造教学临场感和社会临场感来提升学习者的认知临场感。

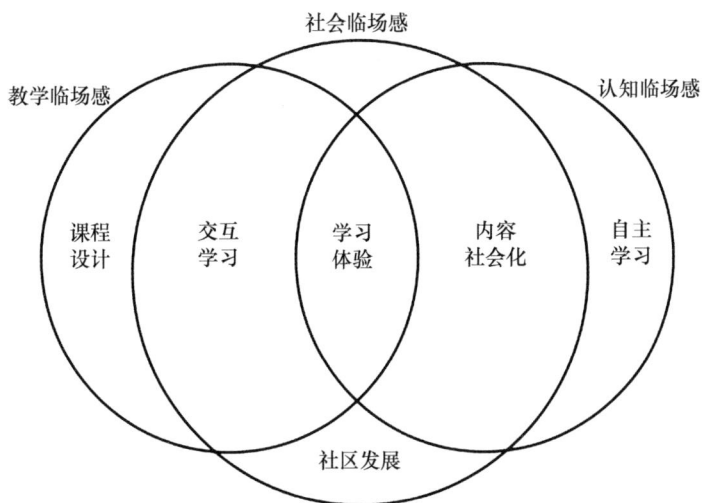

图 2-9　社会临场感探究社区框架

（3）情感临场感探究社区框架

2012 年 Cleveland-Innes 等人从分析新技术的应用入手，发现情感因素会影响学习者的在线学习体验，网络探究社区中存在另一个构成要素，即情感临场感[①]。在 Cleveland-Innes 等人的研究基础上，Rienties 设计了情感临场感探究社区框架。该框架将情感临场感从社会临场感中独立出来，将其作为社会临场感和学习临场感的粘合剂，如图 2-10 所示。他们认为网络学习社区中的情感临场感和教学临场感能够促进学习者的情感反馈，在情感临场感和

① Cleveland-Innes M., Campbell P., "Emotional Presence, Learning, and the Online Learning Environment", *International Review of Research in Open & Distance Learning*, Vol. 13, No. 4, 2012.

社会临场感的共同作用下，学习者在网络学习社区中更容易实现学习情境的创设①。

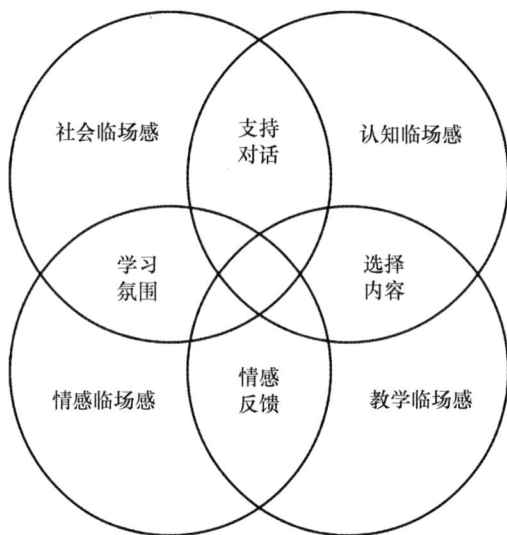

图 2-10 情感临场感探究社区框架

综上所述，随着网络学习空间技术手段的发展，早期 CoI 框架中的计算机文本交互环境已经不能满足学习者在线临场感构建的需要。当前网络学习空间中在线临场感的实施环境得到了极大丰富，智能 APP 拓展了网络学习空间的应用途径，视频课程丰富了网络学习空间的资源表现形式，大数据可视化统计优化了网络学习空间的教学评价手段，语音、图像、视频等多媒体表达形式增强了网络学习空间的使用兴趣。社会性学习环境及其共同体成为学习活动的重要组成部分，随着网络技术的快速发展，传统意义上的"社会"已经被网络化"社会"所取代，技术化的网络环境

---

① Rienties B., Rivers B. A., "Measuring and understanding learner emotions: Evidence and prospects", *Learning Analytics Review*, Vol. 1, No. 1, 2014.

正在被赋予"社会性"内涵，这为在线临场感中的社会交互、共同体、观察、榜样、自我预期等因素的建立提供了理论和实践的可能性。

三　在线临场感理论框架的构建目的及实现原则

新型信息技术的快速发展赋予了在线临场感的新内涵，通过对在线临场感理论框架的构建，能够明确网络学习空间中在线临场感的构成关系、运作过程以及应用方法，这对于提升网络学习空间中学习者的在线临场感具有重要的指导意义。

理论框架的构建目的

1. 聚焦网络学习空间的价值取向

马歇尔·麦克卢汉认为新媒体最初通常是以一种较旧的方法进行呈现，比如，在网络教学初期人们使用课堂录像代替课堂教学。但如果教育者只是改变了传播媒介形式或者使用有趣味的技术来增强了一个有缺陷的教学方法，却没有改变教与学的活动，那么学习成果将很难出现显著性差异。同理，在线上教学过程中教育者虽然使用微课视频替代教师演讲，图文教程替代纸质教材，但是没有改变教学方法，线上教学的效果也不会优于传统课堂教学。也就是说，线上教学如果只是简单地传递知识信息，却没有积极支持学生批判性思维能力的发展，那么线上教学改变课堂教学结构只能是理论上或形式上的可能①。线上教学不仅要让学生能够快捷地获取知识，而且还需要促进学生的交流与思考，形成有意义的知识建构。因此，网络学习空间的价值取向是学习者在个体知识学习的基础上，搭建社会学习的桥梁，促进高阶的认知学习。

网络学习空间的价值取向是通过技术实现的，技术也是在线临场

---

① ［加］兰迪·加里森、特里·安德森：《21世纪的网络学习》，丁新主译，上海高教电子音像出版社2008年版，第5—8页。

感发展的内驱力。在线临场感作为学习者线上学习过程中建立存在关系的一种能力，这种存在关系的建立主要通过媒介手段来完成。对于在线临场感技术工具的使用，长期以来教育者们一直在尝试利用各种媒介工具构建在线临场感的实施环境，如 Blog、Wechat、QQ、Twitter、Facebook、Moodle、Blackboard、超星、智慧树、学堂在线等。Blog、Twitter、Facebook 等社交软件在异步互动方面比较出色，它们能够快捷地实现话题的发布、回复与分享。Wechat 和 QQ 在同步互动方面比较出色，它们能够即时地实现信息的交流。

但社交软件的局限在于它们不能为学习者提供系统性的教学内容、科学的学习过程反馈以及多样化的学习评估手段。而 Moodle、Blackboard、超星、智慧树、学堂在线等学习管理系统不仅具备丰富的教学内容支持、学习数据统计和学习评估手段，同时还具备同步或异步的社交功能。但学习管理系统中的教学内容、教学活动与社交功能之间缺少情感和习惯的关联性，多数学习者不喜欢使用学习管理系统的社交功能进行交流，他们在使用学习管理系统完成教学内容学习的同时，还在尝试使用 Wechat 或 QQ 进行 1 对 1 的交流来解决问题。因此，随着 5G 技术、视频交互技术、人工智能技术在网络学习空间中的普及应用，在线临场感理论框架的构建需要在教学内容与社会交互之间寻找到最佳的结合点。

2. 聚焦学习者学习体验

网络学习空间中学习者学习过程的一个显著表现是他们并没有获得足够良性的学习体验。学习者们时常抱怨视频学习是枯燥的，讨论过程不方便，讨论参与缺少动力，话题没有得到及时回复，同伴互评结果没有反映出自己作品的实际水平等。这些抱怨并没有因为学习过程的推进以及学习强度的提升而减少，随之而来的是学习者日益增长的焦虑感，这种焦虑感甚至超过了传统网络教学时期。在早期的网络教学中学习者主要通过图文等形式完成线上学习，教学内容认知负荷处于比较低的水平，学习者有足够的时间去内化这些教学内容。当前网络教学中学习者主要通过视频手段完成学习，视频的非暂留特性让学习者对教学内容的认知负荷处于比较高的水平。信息技术手段优化了教学内容的呈现方式，也提高了学习者的认知负荷，这让学习者处于一种矛盾的心理状态，他们认可网络学习空间中的教学内容与线上学习形式，但他们的学习过程是焦虑的。

学习者愉悦的学习体验来源于学习过程的舒适感、获得感以及认同感。当前网络学习空间中学习者主要依靠个体的努力完成学习，信息技术手段提升了学习过程的透明度以及教学评价的科学性，学习者需要不断努力地去完成任务点、作业、测试。由于学习者没有感受到来自同伴的支持、认同与激励，学习过程中产生的焦虑感处于不断叠加的状态，因此学习的过程是孤独的。当这种焦虑感和孤独感累积到一定程度后，将会影响学习者的学习质量，导致学习者的学习过程出现了一些极端现象：一是学习拖延，学习者选择在任务点截止日期之前突击完成学习活动；二是快速刷课，学习者想一次性把全部任务点都完成；三是低质量的学习，学习者利用智能 APP 的便捷性，完成浅层的低阶学习。因此，从学习者的学习行为分析入手，聚焦学习者的良性学习体验，是在线临场感理论构建的主要目的。

3. 聚焦高阶思维的培养

根据教育部关于一流本科课程建设的实施意见，课程教学要体现高阶性，课程目标要坚持知识、能力、素质的有机融合，解决好创新性、批判性思维培养等问题，培养学生解决复杂问题的综合能力和高级思维①。由此可见，高阶思维能力培养不仅是课程教学的核心环节，同时也是在线临场感理论框架构建的目的。考虑到学生的学业负担以及特定时间内消化学习材料的数量，高负荷或过量的课程任务都有可能导致学生的低阶学习。要想实现高阶学习，教育者需要对学习材料

---

① 教育部：《关于一流本科课程建设的实施意见》（http://www.gov.cn/gongbao/content/2020/content_ 5480494. htm）。

的数量和质量进行把控，并给予学习者选择学习材料的自由①，将网络学习空间的海量信息形成一个清晰的路径图，为学习者的深层学习创造条件。因此，在线临场感理论框架构建需要营造与深层学习相一致的环境，为学习者的高阶学习提供足够的资源、活动以及工具。

理论框架的实现原则

1. 满足信息技术发展的需求

当前网络学习空间技术发展的显著特征是移动学习技术与学习分析技术的应用。

（1）移动学习技术

相对于 PC 终端来说，智能终端在语音、表情、符号、拍摄等方面具有优势，这对于释放学习者在线上学习过程中累积的消极情绪以及减轻学习者的焦虑感是有帮助的。此外，智能终端还具有便捷性和易分享等优势，这对于学习者获得及时有效的反馈是有价值的。智能终端的不足之处是学习者的学习投入程度低，研究表明手机成瘾或依赖将显著负向预测学习者的学习投入，要降低手机依赖对学习投入的负面影响，应抑制其对社会支持和延迟满足的破坏性影响②。因此，在线临场感理论框架的构建需要利用移动学习的优势，提高学习者的情感表达能力和学习的便捷性，通过在线临场感的社会性支持，减轻学习者对手机等智能终端的依赖。

（2）学习分析技术

在传统教学过程中教育者基于主观性的认知观察对学习者的学习进行判断。教室第一排的学习者、热衷发言的学习者、认真听讲的学习者以及喜欢主动表现的学习者，会在第一时间受到教育者的关注，获得较高的肯定评价，他们的课堂教学表现是教育者制定或调整教学策略的重要依据。在大数据学习分析技术的支持下，教育者将会获得

---

① ［加］兰迪·加里森、特里·安德森：《21 世纪的网络学习》，丁新主译，上海高教电子音像出版社 2008 年版，第 15—16 页。

② 高斌、朱穗京、吴晶玲：《大学生手机成瘾与学习投入的关系：自我控制的中介作用和核心自我评价的调节作用》，《心理发展与教育》2021 年第 3 期。

比课堂教学更加科学全面的学习行为数据，如视频观看时长、发生时间、使用手段、讨论发布与回复、测验成绩分析等。这些数据能够科学地反映出教育者的教和学习者的学，帮助教育者进行教学决策。此外，学习者通过相关学习行为数据也能够评估自身学习进程的完成情况，观察同伴的学习过程、学习成果，了解自己在网络学习社区中所处的位置等。

2. 满足学习者学习体验提升的需求

从本体论和认识论的视角来看，学习首先是一种历程，然后是学习者内心形成的一种感知①。学习活动的出现促进学习体验的产生，学习体验是对学习经历的自我感受以及对学习活动的反思，学习者只有在亲身经历学习活动后，才能在情感、个性和人格等方面得到激发和提升。学习活动可以有效引发学习者的学习体验，让学习者感受到学习的乐趣，基于学习体验的学习不再是知识的单一传递，学习过程的本身也是学习体验的生成过程②。网络学习空间中学习者缺少良性的学习体验，源于学习者累积的焦虑感。这种焦虑感是学习者在持续超负荷的个体学习过程中形成的，学习者并没有将个体学习任务转变到社会学习或认知学习的活动中，他们在社会学习活动中没有获得足够的同伴互助，也没有在认知学习过程中获得足够的知识反思和同伴认同。

在移动学习技术和大数据学习分析技术的支持下，学习者不仅能观察到同伴的学习行为，还能在同伴的共同参与下形成自我效能感，不断调整自身的学习策略，这有助于减轻学习者在学习过程中累积的焦虑感，提升学习者的学习体验。将学习者学习体验提升作为在线临场感理论构建的原则，能够实现在线临场感各要素之间的复合联动，促进学习者认知网络的发展。

3. 满足在线临场感理论发展的需求

新型信息技术手段的应用促进了网络学习空间中在线临场感的发

①　辛继湘：《论教学的审美品格》，《高等教育研究》2006 年第 6 期。

②　唐烨伟：《初中物理网络学习空间模型设计研究》，博士学位论文，东北师范大学，2015 年，第 35—37 页。

展，赋予了在线临场感新的内涵。当前网络学习空间在线临场感理论发展呈现了如下变化：一是由面向教育者的教学经验向面向学习者的学习体验转变；二是由单路径的教学推送向多路径复合推送转变；三是由个体学习向社会学习转变。随着大数据学习分析技术的出现，教育者能够精准掌控学习者的各项学习行为，并为之制定教学策略。学习者的学习过程不再局限于教育者提供的教学内容，学习者的学习行为、学习过程、学习成果均可以作为同伴的学习对象。

第三节　在线临场感理论框架的构成要素

大数据、云计算、移动互联、人工智能等技术的广泛应用，改变了网络学习空间中学习者的学习过程与方法，也改变了学习者彼此间存在关系的建立过程，在线临场感理论框架的构建首先要对网络学习空间中在线临场感的定义、维度、分类进行重新界定。

一　在线临场感的定义

网络学习空间在线临场感

在线临场感是指网络环境中个体自身建立存在关系的一种能力，关于网络学习空间在线临场感，最早可追溯到 20 世纪 Short 等人对在线临场感的定义，他们认为在线临场感是个体在与他人进行媒介交流或人际互动过程中的显著程度[1]。在 Short 等人研究成果的基础上，Gunawardena 等人认为在线临场感是学习者在媒介交流过程中被感知为一个真实人的程度[2]；Shin 认为在线临场感是媒介交流过程中一种

---

[1]　Kehrwald Benjamin, "Understanding Social Presence in Text-Based Online Learning Environments", *Distance Education*, Vol. 29, No. 1, 2008.

[2]　Gunawardena C. N., Zittle F. J., "Social Presence as a Predictor of Satisfaction within a Computer-Mediated Conferencing Environment", *American Journal of Distance Education*, Vol. 11, No. 3, 1997.

联系的感觉，它让学习者感觉到同伴们共同参与了反思交流[①]；Mcis-sac 等人认为在线临场感是学习者对另一个人的意识程度以及由此产生的人际关系的理解[②]。综上所述，本书认为网络学习空间在线临场感是学习者学习过程中的一种心理状态，它能促进学习者高阶层面的心理发展过程。

网络学习空间学习者

由于网络也是一种社会场所，网络学习空间的个体是具有社会属性的人，临场感的产生源于媒介手段的使用以及交流的发生，个体通过媒介让分离的个体感觉到彼此之间的联系。因此学习者作为在线临场感理论框架的实施主体，他们之间的相互作用直接影响到由联系产生的人际关系质量。

网络学习空间的学习者主要分为基于 MOOCs 的社会学习者和基于 SPOC 的高校学习者。MOOCs 的社会学习者处于完全在线的学习环境中，学习过程缺少正规的监督形式和明确外部目标的约束，比如学分的获得以及绩点的认定，学习大多属于一种浅层的状态。基于 SPOC 的高校学习者主要处于混合学习环境中，他们已经具备了一定的社会网络基础，对学习具有明确的外部目标约束和自我的目标追求，学习更需要处于一种深层的状态。

从在线临场感理论框架构建的视角看，社会学习者与高校学习者之间的侧重点不同。前者多属于浅层的学习，以个体学习为主，如何让分离的个体感觉到亲密或团聚对于学习者是至关重要的，教育者需要在网络学习空间中为学习者营造一个轻松融洽的氛围，增强他们的在线临场感意识和归属感。后者则以深层学习或者完成目标为基础，深层且有意义的学习能够更好地激励学习者的临场意识，问题解决是学习者在线临场感产生的关键。

---

① Shin N. , "Beyond Interaction: The Realtional Construct of 'Transactional Presence'", *Open Learning*, Vol. 17, No. 2, 2002.

② Mcissac M. , Tu C. H. , "The Relationship of Social Presence and Interaction in Online Classes", *American Journal of Distance Education*, Vol. 16, No. 3, 2002.

二　在线临场感的维度

社会认知方法论认为在线临场感是一个复杂的结构，由不同维度的多个要素构成，这些要素相互影响，将在线临场感形成一个相互交互的整体，促进在线学习效果的提升①。关于在线临场感的构成维度，研究者从不同角度对其进行了划分，Shen 等人基于在线社区场景，将在线临场感划分为感知、情感和认知三个维度②；Kumar 等人基于人际沟通的关系层面，将在线临场感划分为理解、直接紧密、卷入度和积极性四个维度③；Garrison 和 Anderson 等人聚焦学习者的学习过程将在线临场感划分为教学、社会、认知三个维度④；与 Garrison 教授的结果相似，国内学者李海龙将在线临场感划分为教学临场、社会临场、认知临场三个维度⑤。本书根据网络学习空间中学习者个体学习、社会学习、认知学习的三种形式以及 Garrison 教授等人对在线临场感划分的标准，将在线临场感维度划分为教学内容和教育者的教学临场，同伴之间的社会临场，认知加工形成的认知临场三个维度。

教学维度

教学临场包括教学内容和教育者教学活动的临场。在个体学习过程中学习者首先面对的是以数字学习材料为媒介的教学内容临场，然后是教育者教学活动的临场。教学内容的临场是网络学习空间中学习

---

① Yang J. C. , Quadir Benazir, Chen Nian-Shing, Miao Qiang, "Effects of Online Presence on Learning Performance in a Blog-Based Online Course", *Internet and Higher Education*, No. 30, 2016.

② Shen K. N. , Khalifa M. , "Exploring Multi-dimensional Conceptualization of Social Presence in the Context of Online Communities", *International Journal of Human-Computer Interaction*, Vol. 24, No. 7, 2007.

③ Kumar N. , Benbasat I. , "Para-Social Presence and Communication Capabilities of a Web Site: A Theoretical Perspective", *E-Service*, Vol. 1, No. 3, 2002.

④ Garrison D. R. , Anderson T. , Archer W. , "Critical Inquiry in a Text-Based Environment: Computer Conferencing in Higher Education", *The Internet and Higher Education*, Vol. 2, No. 2 – 3, 2000.

⑤ 李海龙：《基于临场感的在线教师品性特征研究》，《比较教育研究》2017 年第 1 期。

者实现个体学习的主要途径，网络学习空间中教学内容的表现具有多种形式，比如微课视频、图文材料、习题测验等。

教育者教学活动的临场是学习者在学习活动过程中与教育者之间的交互。学习者的知识学习发生在活动或经验的实践过程中，教育者作为学习者学习的指导者、帮助者和学习伙伴，学习者的学习过程比学习内容更为重要。教学临场不仅仅要促学，还包括创设和组织教育干预，以及必要时的直接讲授①。教育者指导学习者在真实情境中完成学习任务，并对任务的完成情况进行评价。教育者的言传身教、领导力、学习制品的创建、讨论过程中的关键点评以及把不同学科或不同环境连接在一起的能力，是网络学习空间中教育者教学活动临场的集中表现。

社会维度

相对于传统教学，网络学习更强调个体与周围环境交互的重要性。交互是教育过程中具有决定性的组成部分，它在学习者的新学内容与已有知识框架之间建立联系，让学习者更容易形成对新知识技能的迁移。通过社会交互，学习者在向他人解释概念的过程中对知识的理解进一步深化，并通过与个人经历的结合，将其融入自身的知识结构中。学习过程的关键是学生间的交互、师生间的交互以及交互过程中的协作学习和结果。

社会临场是学习者在社会学习过程中与其他学习者之间的互动，同步或异步的高质量交互活动能够促进并形成社会临场。在社会临场中学习者得益于他人的学习活动和成果，通过梳理教育者和同伴对课程知识点所做的评论以及发表的见解，能够促进学习者在课程学习过程中的网络互动，维系和促进他们彼此间的社会临场。社会临场能够建立一种氛围，支持学习者的质疑、探究、评价、分析等活动，帮助学习者对问题提出更多的解释，高强度的社会临场是建立协作性和批判性对话的前提条件②。

---

① ［加］特里·安德森、［英］乔恩·德龙、肖俊洪：《三代远程教育教学法理论》，《中国远程教育》2013 年第 6 期。

② ［加］兰迪·加里森、特里·安德森：《21 世纪的网络学习》，丁新主译，上海高教电子音像出版社 2008 年版，第 46—47 页。

在社会临场过程中学习者需要所见即所得的交流工具的支持，这些工具可以是同步也可以是异步的。对于教育者来说，社会临场的重点不是社交本身，而是如何在社会临场中预设触发事件，促进学习者的自由表达，实现教育者与学习者、学习者与学习者之间的"开放的沟通"。在面对面的教学中学习者会因为害羞等原因不愿表达自己的真实想法，而在网络学习空间中学习者可以自由表达学习的喜悦、成功、疑问与建议。社会临场是学习者情感化表达的实现途径，通过建立同伴互助互信的环境，促进学习者之间团队凝聚力的形成。

认知维度

认知临场更接近于高阶层面的心理发展过程，它是学习者在认知学习过程中对教学内容、教育者以及同伴成果的反思临场[①]。通常情况下，认知临场和社会临场是同步发生、相互促进的，在社会临场完成的过程中学习者的认知临场也随之产生，认知临场的结果会反作用于社会临场，促进学习者在社会临场中的努力行为。认知临场更多地是学习者主动学习或高阶学习的产物，它需要学习者获得社会网络的支持。学习者不仅需要对教学内容进行反思，还需要与教育者、同伴之间进行头脑风暴，通过发挥"榜样""示范""模仿"和"对话式探究"的作用，促进认知临场的形成。

在网络学习空间中认知临场不再局限于师生一对一的交流或学习管理系统中的交互活动，学习者从认知网络的边缘开始，在不断丰富和完善各类学习网络的过程中向认知网络的中心进行移动。这些自然而然发生的交互会增强学习者的认知临场，促进他们在知识建构过程中的合作与沉思性的参与，激发他们在自我效能和自我调节等方面的努力行为，并对教学内容进行创新性思考与批判性反思，进而把新的意义融入现有的知识结构中。

由此可见，如果将网络学习空间比喻为一个立体化的空间，那么

①　[加] 特里·安德森、[英] 乔恩·德龙、肖俊洪：《三代远程教育教学法理论》，《中国远程教育》2013 年第 6 期。

在线临场感的三个维度则分别代表着立方体的长、宽和高。教学维度是这个立方体的长，它代表着教育者的行为，也是网络学习空间中学习者学习发生的起点。社会维度是立方体的宽，它代表着学习者的互动行为，对网络学习空间中学习者的学习起到中介作用。认知维度是立方体的高，它代表着学习者的高阶学习行为，体现了学习者解决复杂问题的能力。认知行为不能单独发生，它需要在教学维度的支持下，通过社会维度的中介作用，逐步实现。换言之，在网络学习空间中，教育者通过自身的教学维度，在社会维度的支持下，提升学习者的认知高度。在线临场感维度划分如图 2-11 所示。

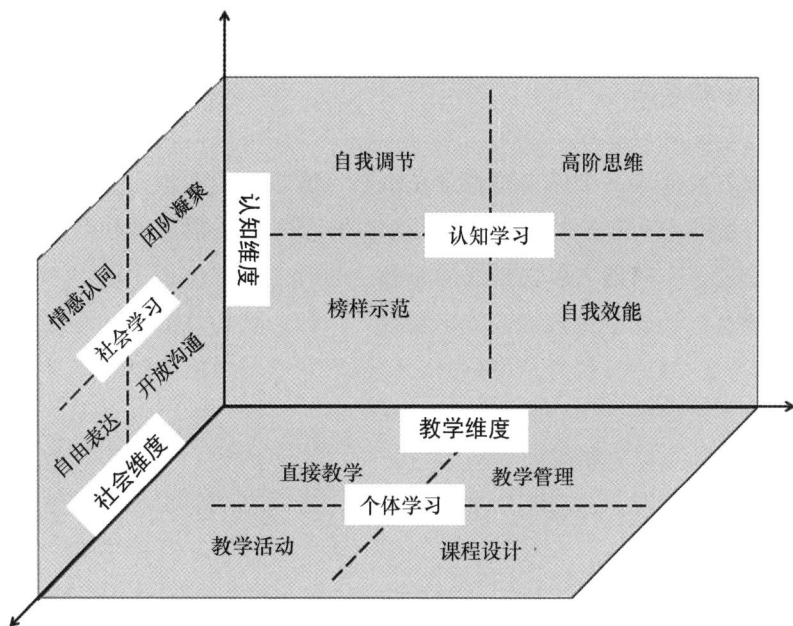

图 2-11　在线临场感维度划分

三　在线临场感的分类

随着新型信息技术手段的广泛应用，学习者学习手段产生了质的变革，在线临场感的形式也得到了进一步丰富，综合 Garrison、Shea、

61

Cleveland-Innes 等人的研究成果，本书将网络学习空间在线临场感划分为教学临场感（Teaching Presence）、社会临场感（Social Presence）、情感临场感（Emotional Presence）、学习临场感（Learning Presence）、认知临场感（Cognitive Presence）五种形式。

教学临场感

教学临场感是学习者在实现具有个人意义和教育价值的学习成果时，教育者对学习认知和社交过程的设计、利用与管理[①]，它反映了教育者对教学的参与和支持程度。在网络学习空间中大部分学习活动是由教育者发起的，教学临场感也被称之为教育者的临场感。其作用主要表现在两个方面：一是教学策划，包括选择、组织、呈现课程内容以及设计学习活动和评价量规；二是开展教学活动，为学习者提供帮助和引导，促进学习者的学习。

社会临场感

社会临场感是学习者在友好支持的环境中进行自我表达的程度，它为学习者提供一个用来培育意义协商、协作知识建构以及批判性思维的环境[②]。在网络学习空间中社会临场感展示了学习者在融入社区氛围的过程中向他人展现自我沟通表达的能力，它体现了学习者个体在媒介交互环境中对其他人的感知程度。社会临场感的目的是建立群体凝聚力，群体凝聚力是维系探究社区的义务与目的的关键[③]。

情感临场感

情感临场感是指学习者与学习技术、课程内容、学习者、教育者进行互动交流时，学习者的个体以及个体之间在感觉、情绪、情感等

---

① Garrison D. R. , Anderson T. , Archer W. , "Critical Inquiry in a Text-Based Environment: Computer Conferencing in Higher Education", *The Internet and Higher Education*, Vol. 2, No. 2－3, 2000.

② Garrison D. R. , Anderson T. , Archer W. , "Critical Inquiry in a Text-Based Environment: Computer Conferencing in Higher Education", *The Internet and Higher Education*, Vol. 2, No. 2－3, 2000.

③ ［加］兰迪·加里森、特里·安德森：《21世纪的网络学习》，丁新主译，上海高教电子音像出版社2008年版，第18页。

方面的外在表现①。从严格意义上来说，情感临场感是学习者社会临场的表现形式，也是网络学习空间中学习者互动参与的主要特性。从学习经历的视角来看，情感回应和兴趣一样重要，这些情感能够促进有意义的对话和教学活动的开展。相互尊敬和支持的社会性情感回应是进行批判性反思和对话的必要条件，表达情感回应也是对社区成员相互关系的一种隐含的认可②。

学习临场感

学习临场感是学习者在认知过程中各种行为的总体表现，代表学习者的自我效能以及支持自我调节的认知、行为和动机等方面的构成要素③。在学习临场感中学习者能够在同伴榜样的带动下，激发学习者的自身努力行为，并为之采取相应的学习策略。

认知临场感

认知临场感是指学习者通过协作与反思，获得意义建构与理解的程度，认知临场感更接近于高阶层面的心理发展过程④。认知临场感同高阶思维的形成以及深层学习的发生密切相关，认知临场感的产生是形成批判性思维的关键，批判性思维是深层学习发生的必备要素。

第四节　在线临场感理论框架的结构指标

在网络学习空间中教学、社会、情感、学习、认知这五种临场感形式并不是自动产生的。为了进一步探究各类临场感的表现形式和产

---

① 吴祥恩、陈晓慧：《混合学习视角下在线临场感教学模型研究》，《中国电化教育》2017 年第 8 期。

② ［加］兰迪·加里森、特里·安德森：《21 世纪的网络学习》，丁新主译，上海高教电子音像出版社 2008 年版，第 18 页。

③ Shea P. , Bidjerano T. , "Learning Presence as a Moderator in the Community of Inquiry Model", *Computers and Education*, Vol. 59, No. 2, 2012.

④ 吴祥恩、陈晓慧：《混合学习视角下在线临场感教学模型研究》，《中国电化教育》2017 年第 8 期。

生过程，本书结合网络学习空间的运行环境，对在线临场感理论框架的结构指标进行了分析。

一 教学临场感的结构指标

教学临场感包括"设计与组织""直接指导""促进对话""评价反馈"四个类别[①]。

设计与组织

设计与组织是对线上教学的课程结构、过程、交互和评价等方面的计划与设计。常见指标有课程任务设置、学习方法设计、时间参数设置、网络学习规范建立、明确课程评价量规等。

"课程任务设置"是教育者为学习者呈现课程学习的核心任务，比如，课程讨论的主题框架、教学评价量规的具体形式以及教育者对学习者的期望等。

"学习方法设计"是教育者指导学习者如何利用在线学习环境来提高自身的学习能力，比如，教育者帮助学习者解决平台的技术性问题，促进学习者利用平台的技术特性，有效完成学习活动等。

"时间参数设置"是教育者为学习者学习活动建立重要的时间节点，为学习活动设置截止日期或时间框架，帮助学习者跟上课程进度，比如，章节开放的时间截点，讨论、作业等教学活动的截止时间等。

"网络学习规范建立"是教育者帮助学生理解或实践线上学习过程中可接受的行为，减少功利主义的学习倾向，比如，明确刷课行为的界定及后果，低质量讨论行为的界定，同伴互评过程的基本准则等。

"明确课程评价量规"是教育者向学生呈现课程教学评价的方法，比如任务点学习的权重、测验的权重、讨论的权重、线上考试的权重、签到的权重等。

---

① Shea P. , Hayes S. , Vickers J. , "Online Instructional Effort Measured through the Lens of Teaching Presence in the Community of Inquiry Framework: A Re-Examination of Measures and Approach", *International Review of Research in Open and Distance Learning*, Vol. 11, No. 3, 2010.

直接指导

直接指导是教育者对学习者学习任务提供明确的指导，帮助学习者参与课程学习活动。常见指标有学习指导、发现问题、诊断错误、促进理解、总结讨论、直接教学等。

"学习指导"是教育者在教学资源中为学习者提供有意义的教学材料，并强调教学材料之间的关联性，使材料更易于理解。比如，教育者向学习者提供有意义的案例，进行有教育意义的示范，通过真实、易于理解的案例进行过程性展示，促进学习者对课程内容的知识迁移；通过提供丰富的拓展知识信息，减少课程内容的困惑或误解；通过明确外部材料的引用途径，提供有用的信息。

"发现问题"是教育者根据课程任务的安排，及时监督学习者的完成情况，发现学习者学习过程中存在的问题。比如，针对学习者任务点完成过程中的"刷课"现象，教育者第一时间给予学习指导，告知学习者这种"功利"行为对学习绩效的影响；及时了解学习者讨论过程中的参与情况，掌握学习者讨论过程中存在的疑难问题。

"诊断错误"是教育者及时了解学习者在测验、讨论、作业等学习活动中存在的一般性错误。比如，教育者对测验的错误进行集中式指导，对讨论中的错误进行实时指导，对作业的错误进行点评式指导。

"促进理解"是教育者对学习者学习过程中存在的错误，进行归纳，加强学习者对错误根源的反思，促进学习者对知识的理解。

"总结讨论"是教育者定期对学习者的讨论行为和效果，进行阶段式的总结，维系讨论氛围。

"直接教学"是教育者针对学习者学习反馈比较集中的问题，在必要时采取的一种指导方式，如学习方法的重申，疑难问题的讲解，核心观点的归纳等。根据学习环境的不同，教育者可采取不同的直接教学形式，如在完全在线学习环境中，教育者可采取直播教学的形式，在混合学习环境中教育者可借助课堂教学完成。

促进对话

促进对话是教育者关注学习者对有价值的知识的获取。常见指标有调动参与、寻求理解、承认贡献、创设氛围等。

"调动参与"是教育者向学习者提出一个发人深思的问题，吸引或提醒学习者参与讨论，鼓励学习者在讨论中分享自己的观点和见解，用积极的语气回应学习者的观点或评价学习者的作品。

"寻求理解"是教育者向学习者明确课程任务点中待解决的讨论话题，帮助学习者聚焦同伴之间不同的观点，帮助学习者对这些观点形成一致的理解。

"承认贡献"是教育者认可学习者的课程参与度，以积极的方式回答学习者提出的问题，鼓励学习者在课程平台中探索新的概念，帮助学习者参与并专注于富有成效的讨论。

"创设氛围"是教育者营造一个开放的、协作的、有纪律的学习环境，与学习者建立和谐的人际关系以及更深入、更丰富的生生或师生互动，激励学习者调动自身的积极性，在课程中探索概念，分享和创造知识①。

评价反馈

评价反馈是教育者对学习者的学习活动或学习成果给予恰当的评价或反馈，常见指标有形成性反馈、阶段性反馈、总结性反馈等。

"形成性反馈"是教育者为学习者的任务点完成、讨论话题、测验、作业等学习活动，提供清晰、准确的评价和反馈指导，帮助学习者聚焦相关问题解决的各个方面。

"阶段性反馈"是教育者在专题或模块学习完成后，为后续讨论提供与当前讨论内容相关的话题，突出重点概念和知识结构的关系，推进课程教学的整体进度。

"总结性反馈"是教育者在课程中期或末期为学习者的讨论观点以及测验、作业等进行事后归纳反馈，帮助学习者寻求元认知的反馈

---

① 汪琼：《"教学存在感"及实现路径辨析》，《现代远程教育研究》2020 年第 2 期。

结果。教学临场感结构指标如表2－2所示。

表2－2 **教学临场感结构指标**

要素	类别	指标
教学临场感	设计与组织	课程任务设置、学习方法设计、时间参数设置、网络学习规范建立、明确课程评价量规
	直接指导	学习指导、发现问题、诊断错误、促进理解、总结讨论、直接教学
	促进对话	调动参与、寻求理解、承认贡献、创设氛围
	评价反馈	形成性反馈、阶段性反馈、总结性反馈

二 社会临场感的结构指标

社会临场感包括自由表达、开放沟通和群体凝聚力三个类别。

自由表达

自由表达是学习者表达与学习体验相关的能力或自信，它有助于学习者在网络学习空间中由局外人变为局内人，忘记媒介或技术的存在，融入社区氛围中。常见指标有交流工具使用和自我披露等。

"交流工具使用"是教育者在网络学习空间中为学习者提供尽可能多的交流工具，为学习者的自我表达提供便捷，如话题讨论和聊天室等。相对于即时聊天工具，话题讨论更容易呈现知识问题的表述，促进学习者之间的开放沟通。

"自我披露"是学习者在网络学习空间中分享自己的学习资料和学习成果，同时积极地提出自己的问题。当学习者刚刚步入网络学习社区时，他们会在更多时间内充当网络学习社区的潜水者，默默观望着教育者的教学行为以及同伴的参与情况，很少会主动进行自我披露。同面对面课堂教学一样，网络学习社区中学习者的这种自我披露是在教育者的引领下实现的，教育者需要向学习者明确自我披露过程中呈现哪些内容，在哪里进行自我披露。

开放沟通

开放沟通支持着学习者在社区中的社会联通，其强弱与成员之间发生相互关系的质量具有直接关系。常见指标有评论同伴的话题和引用同伴的观点等。

"评论同伴的话题"是对同伴自我披露的一种回应，包括对同伴问题的解答，以及对同伴观点的认可、赞同、质疑等，它是保持批判性思维和讨论对话的重要保障。在开放交流过程中教育者要保护学习者的观点被质疑时的自尊心，以便维系他们对开放沟通的接受度。

"引用同伴的观点"是学习者对同伴的观点进行了筛选和甄别，他们只有相信同伴正确的观点，才会对其进行引用。在开放交流过程中，教育者要避免学习者仅对同伴的观点进行简单复制，而是要在引用的基础上对同伴的观点进行整合运用。

群体凝聚力

群体凝聚力是建立和维持群体承诺感的活动，如鼓励合作、帮助、支持[1]。群体内聚的方式主要有围绕群体目标、群体领袖、群体活动、群体资源、群体行为规范等方面的内聚[2]。常见指标有鼓励合作、帮助他人等。

"鼓励合作"是教育者需要加强社区成员之间的密切度，提高群体凝聚力，这有助于群体成员间产生相互依赖、相互帮助、相互信任、归属感以及群体内聚的共同愿景。关系和谐的社区成员能够在领袖的带领下积极完成学习任务，自觉遵守社区规范，承担角色职责。

"帮助他人"是网络学习社区的成员之间共享他们的知识和经验，共同解决问题，共同承担学习任务。为了更好地促进网络学习社区的群体凝聚力，教育者应该为网络学习社区建立共同的规范，加强社区

---

① 胡敏：《在线学习中学生参与度模型及应用研究》，博士学位论文，华中师范大学，2015年，第32页。

② 董利亚、冯锐：《在线学习社区培育与发展模型的构建及其策略研究》，《远程教育杂志》2016年第2期。

的激励机制，促进学习者的积极性。社会临场感结构指标如表 2 - 3 所示。

表 2 - 3 社会临场感结构指标

要素	结构	指标
	自由表达	交流工具的使用、自我披露
社会临场感	开放沟通	评论同伴的话题、引用同伴的观点
	群体凝聚力	鼓励合作、帮助他人

三 情感临场感的结构指标

情感临场感包括活动情感、定向情感和结果情感三个类别[①]。

活动情感

活动情感是学习者在学习过程中或讨论过程中的情绪表现，它们大多数是无指向的，多发生在低阶学习阶段。根据情感对学习的正反作用分为积极情绪和消极情绪。

"积极情绪"是学习者对正向价值的增加或负向价值的减少所产生的情感，如接受、感激、肯定、舒适、信心、满足、得意、兴奋、坚决、鼓舞、快乐、喜悦、庆幸、放松、尊重、信任、激昂等。积极情绪能有效促进学习者的学习，网络学习空间中表情图片和图示符号等手段的使用，让学习者的活动情感更容易表达和呈现，这有利于释放学习中累积的消极情绪，增强学习者之间的亲密性、信任和凝聚力。当学习者的学习状态呈现正极性时，学习会比较轻松愉悦，教育者要实时给予勉励，保持学习者的学习状态，使其成为其他学习者的榜样[②]。

[①] Stenbom S., Hrastinski S., Cleveland-Innes, et al, "Emotional Presence in a Relationship of Inquiry: The Case of One-to-One Online Math Coaching", *Online Learning*, Vol. 20, No. 1, 2016.

[②] 沈映珊、汤庸：《社交学习网络中基于学习认知的情感交互研究》，《现代教育技术》2015 年第 9 期。

　　"消极情绪"是学习者对正向价值的减少或负向价值的增加所产生的情感，如害怕、愤怒、烦恼、羞愧、恶劣、烦闷、困扰、迷惑、挫败、消沉、失望、沮丧、怀疑、低落、窘迫、忽视、急躁、紧张、恐惧、震惊、压力、伤心等[①]。消极情绪会阻碍学习者的学习进程[②]，当学习者的学习状态呈现负极性时，学习会停滞不前或处于困难状态，教育者要给予正面的情感支持。如在语言上进行积极的鼓励，适当放宽作业的截止日期，适度提升任务点学习的自由度等。

定向情感

　　定向情感是学习者在探究过程中对自身情绪的分享以及对他人情绪的识别，是学习者活动情感在问题探究过程中的深层表现。定向情感具有明确指向性，伴随着高阶学习活动的开启，学习者在协作探究过程中需要向同伴或教育者寻求定向的情感支持。比如问题无法解决时的失望、沮丧、怀疑、低落、窘迫、紧张、惊讶、压力、伤心等，问题求助过程中的渴望、焦虑、急躁、压力等。定向情感多属于负向情感，它不仅会影响学习者的学习进度，还会影响学习者对学习预期值的判断，导致学习者学习投入的下降。当学习者的定向情感出现时，教育者应积极给予关注，对学习者的定向情感给予正强化，减轻学习者负面情感的消极影响。

结果情感

　　结果情感是学习者对探究过程的预期价值或真实效果的情绪表现，它是学习者对探究过程中定向情感的结果反馈。比如，学习者在问题解决后的满足、得意、兴奋、喜悦、放松等，以及对于同伴帮助的接受、感激、肯定、信任等。结果情感是学习者对问题探究过程中的反馈形式，它反应了学习者对学习任务的完成情况，它影响着学习者对未来探究活动的决策与判断。情感临场感结构指标如表 2 - 4 所示。

---

　　① 钟志贤、邱娟：《论远程学习者的情绪管理》，《远程教育杂志》2009 年第 5 期。
　　② 郑炜冬：《微课情感化设计：理念、内涵、模型与策略》，《中国电化教育》2014 年第 6 期。

表 2 - 4　　　　　　　　　　　情感临场感结构指标

要素	类别	指标
	活动情感	学习者在学习过程中或讨论过程中的情绪表现
情感临场感	定向情感	学习者活动情感在问题探究过程中的深层表现
	结果情感	学习者对探究过程的预期价值或真实效果的情绪表现

四　学习临场感的结构指标

学习临场感包括"学习规划""学习监控""策略使用"三个类别[①]。

学习规划

学习规划是指学习者通过设定目标为自我和他人协调和分配任务。常见指标有目标设定和规划安排等。

"目标设定"是学习者在学习过程中思考学习方法、必要的程序以及达成目标的任务，对自己或同伴即将完成的任务进行分配和排序。如"今天晚上我要完成五个任务点视频的学习""我负责小组作品的设计与制作工作""在下周我们小组必须提交讨论要点的摘要"等。

"规划安排"是学习者对教育者的教学活动以及同伴学习成果激励后的反应，如"我需要尽快完成小组讨论的任务""本次作业我想取得比较好的成绩"等。教育者需要在教学活动中为学习者的学习任务提供清晰的时间节点，这些时间节点对学习者的学习计划具有重要的提示作用。

学习监控

学习监控是学习者对知识理解的校验，对问题或时间的识别，对已完成任务的注意，对学习成果质量的评估，对学习关注度和参与度的鉴定，以及对自身或小组学习行为的注意。常见指标有自我监控和他人监控等。

"自我监控"是学习者通过网络教学平台的大数据统计全面了解自身的学习情况，比如学习任务的完成情况、作业的完成情况、签到

① Shea P., Hayes S., Smith S. U., et al, "Learning Presence: Additional Research on a New Conceptual Element within the Community of Inquiry (CoI) framework", *Internet and Higher Education*, Vol. 15, No. 2, 2012.

的完成情况、测验的成绩等。通过"自我监控"，学习者能够清楚地知道自己当前的排名。

"他人监控"是学习者从其他学习者那里寻求对任务、事件以及概念理解的验证和修改。学习者之间的话题评论通常会暗示他们某个目标的任务或学习活动已经完成，通过学习者之间的陈述，学习者能够判断最终学习成果或其组成部分的准确性、全面性、相关性或其他方面。学习者通过自我监控和他人监控，能够准确地了解自身与同伴之间的差距，激发自身的努力行为。

策略使用

策略使用是学习者通过对自身和同伴学习数据的探究，对其进行研判，决定采取相应的措施。策略使用可以归纳为两个环节：请求或帮助、判断与行动。

"请求或帮助"是学习者在自我监控或他人监控的过程中激发了他们的自我效能感，他们会向教育者或其他学习者请求或提供与学习材料、问题、活动、任务、目标等方面相关的帮助或信息。

"判断与行动"是学习者对同伴之间的信息进行澄清，他们会寻求学习材料中所包含的具体信息的评论，关心材料如何呈现的看法。判断是策略使用的关键，学习者彼此间在进行信息交换的过程中会不断地判断同伴信息的有效性及价值性，然后制定相应的学习策略。学习临场感的结构指标如表 2 - 5 所示。

表 2 - 5 　　　　　　　　　　　学习临场感结构指标

要素	类别	指标
学习临场感	学习规划	目标设定、规划安排
	学习监控	自我监控、他人监控
	策略使用	请求或帮助、判断与行动

五　认知临场感的结构指标

知识建构的实质是个体建构向社区建构的转变过程。在网络学习社区中每一个学习者不仅在建构自己的知识，也在构建集体的智慧。他们通过共同推进集体知识的增长，实现个人知识的发展。认知临场感主要包括"触发事件""协作探索""信息整合""问题解决"四个类别。

触发事件

触发事件是教育者为学习者设定共同解决的问题情境或任务，明确学习者的认知目标，激发社区共同体成员去探究。常见指标有事件性质和事件安排。

"事件性质"需要满足学习者批判性或创造性思维发展的需要，这样才能激发学习者的探究意愿，单纯的任务点学习或知识性谈论不适宜作为认知临场感中的事件。认知临场感中的事件是学习者深层学习的起点，它不仅需要学习者具备相关的知识，而且还需要学习者在应用原有知识的过程中产生新的知识。

"事件安排"是学习者在原有知识跟新知识之间建立某种逻辑联系，激发学习兴趣。比如，教育者可以采用案例教学法，通过案例观摩，唤起学习者在认知临场感中的困惑或问题，教育者可结合具体的教学事件，对学习者进行引导性安排，鼓励学习者提出问题。

协作探索

协作探索是对问题的深化认知，教育者为学习者提供适用于探究的活动和资源，帮助学习者分析和发现各种观点的差异，自主提出替代假设，进行佐证与确认。从本质上看协作探索是一个发散性思维的过程，包括自主探究和信息交换两个环节。

"自主探究"是学习者根据问题情景，有计划、有目的、有步骤地分析问题的本质，然后以发散性思维的形式，在网络学习空间中探究与问题相关的知识或信息，寻求解决问题的办法，尝试理解复杂的概念。

"信息交换"是学习者在问题解决的过程中，将自身遇到的困惑，向教育者或同伴进行求助，并对同伴的观点进行反思性思考。同时，教育者需要及时进行监控、给予引导或反馈，在必要时还需提供学习支架，以帮助学习者解决学习过程中遇到的各种困难。

信息整合

信息整合是学习者对探究阶段生成的观点进行意义协商，也是学习者将他人知识聚合到个体学习的反思过程，是对知识的同化和顺应。从本质上看信息整合是思维聚合的过程，主要包括达成共识和形成理解两个环节。

"达成共识"是学习者在自己观点与他人观点之间建立尝试性连接，对各类信息进行综合，形成较为一致的意见。

"形成理解"是学习者通过理解他人的观点，修正自己的观点，达成协商性共识，对事件形成一个有意义的解释或方案。

问题解决

问题解决是学习者对观点和假设的检验以及从批判的角度分析如何解决事件，主要包括应用和检验两个环节。

"应用"是学习者以个体或群体的形式，以直接应用或行动研究的方法，开展一个项目。

"检验"是学习者以批判性评估的视角，对项目成果进行总结、分享经验，反思学习效果和个人收获，并在实践中检验和修正新知识，决定是否开启新一轮的探究。认知临场感结构指标如表 2-6 所示。

表 2-6 　　　　　　　　　认知临场感结构指标

要素	类别	指标
认知临场感	触发事件	事件性质、事件安排
	协作探索	自主探究、信息交换
	信息整合	达成共识、形成理解
	问题解决	应用、检验

第五节　在线临场感理论框架的设计

在在线临场感的维度、分类以及结构指标分析的基础上，本书结合网络学习空间的技术特性，以学习者学习体验作为内核，利用教学临场感、社会临场感、情感临场感、学习临场感、认知临场感的相互作用关系，设计在线临场感理论框架。

一　理论框架的内部要素关系
教学临场感是理论框架的基础

教学临场感包括教学内容临场和教育者教学活动临场，教学内容临场是学习者实现个体学习的重要手段，学习者只有在满足个体学习需求的基础上才能更好地发现问题。在网络学习空间中学习者之所以会产生联结需求，是因为他们在个体学习过程中对知识理解产生了疑问，学习者的疑问是学习产生社会联结的原动力。在网络学习空间中教育者的教学临场是学习者解决疑问的本能选择，学习者对教育者具有天然的依赖性。

学习者对教育者的这种依赖主要有两方面原因：一是教育者在教学评价规则制定和学业成绩评估方面具有权威性，为了调动学习者学习的积极性，教育者常常会根据教学活动的安排，制定相应的教学评价规则，这些规则间接影响着学习者的学业成绩。二是学习者需要通过教育者的认可，来评估自身的学习表现，他们相信向教育者请教，会得到更多的认可，并直接影响最终的学习成绩。

将教学临场感作为在线临场感理论框架的基础，能满足学习者个体学习的基本需求，它是网络学习空间社区发展的催化剂，为网络学习空间社区的发展提供了支持与保障[1]。教育者通过教学临场感可以有目的地引导和规划社会临场感的形成，并促进认知临场感与社会临场感、情感临场感和学习临场感的有机结合[2]。

社会临场感是理论框架的动力

学习者在进行个体学习时会受到学习环境和同伴的影响，他们在

---

[1]　Shea Peter, Li Chun Sau, Pickett Alexandra, "A Study of Teaching Presence and Student Sense of Learning Community in Fully Online and Web-Enhanced College Courses", *The Internet and Higher Education*, Vol. 9, No. 3, 2006.

[2]　［加］兰迪·加里森、特里·安德森：《21世纪的网络学习》，丁新主译，上海高教电子音像出版社2008年版，第5—6页。

满足个体学习需求的同时，更关心自己在社区中的位置。同伴的学习行为以及学习成果是学习者社会学习的动力，同教育者的认可一样，同伴的关注对学习者的学习也是至关重要的。同伴互助是学习者尝试解决问题的一种途径，同伴的问题解决能促进学习者的反思和自我激励。由于网络学习空间对同伴问题解答的可视化呈现，学习者在回答问题时需要尽可能地去查阅资料，以便为问题的提出者呈现最准确的答案。

虽然学习者渴望得到教育者的答案，相信教育者在问题解决方面的权威性，但教育者频繁的问题解答会让学习者产生更多的依赖，协作探究解决问题是促进学习者提升知识应用能力的关键。同时，教育者的时间精力也不能保证对所有学习者的问题均能做到及时、准确地一对一回复。此外，在信息爆炸的时代，教育者也不具备解决网络学习空间中学习者全部问题的能力，教育者既是教学资源的提供者，也是网络学习空间中的共同学习者。社会临场感提升了学习者持续学习能力，促进了学习者的协作探究和问题解决能力。当社会临场感建立以后，认知临场感才会更容易建立，它是情感临场感、学习临场感、认知临场感产生的动力来源。

情感临场感是理论框架的支持

社会临场感的持续建立让学习者不断甄别教育者以及同伴推送的大量信息，他们需要过滤掉其中的冗余信息，并进行自我反馈。随着学习进程的推进，学习者积聚了大量的消极情绪，学习的焦虑感和孤独感不断增强。在课堂教学中这些情绪容易被教育者即时察觉，并通过相应的教学策略给予解决。但在网络学习空间中教育者无法实时观察到学习者的这种变化，在持续的问题解决过程中学习者需要释放各种累积的情绪，如问题无法解决时的焦虑、问题解决后的喜悦、对同伴帮助的感谢、对同伴成果的赞许等。情感临场感的建立能够释放学习者的这些情绪，促进社会临场感的发展。情感临场感与社会临场感彼此间是相辅相成的逻辑关系，社会临场感促进了情感临场感的产生，情感临场感促进了社会临场感的维系，它们共同促进了网络学习空间中同伴之间信任的产生。信任让学习者在网络学习空间中能够自由地表达，最终实现学习者的认知临场感。

学习临场感是理论框架的调节

在学习临场感中学习者通过观察同伴的学习行为，可以了解自己的学习状况，制定相应的学习计划和策略，并加以使用。但是在传统课堂教学中学习者很难准确评估同伴的学习表现，学习者的学习策略通常是围绕教育者的指挥棒进行调整的，他们无法根据同伴的表现，采取相应的学习策略。而在网络学习空间中学习者不仅可以了解自身的学习进展与成绩，还能准确掌握同伴的学习进展、学习活动、学习成果与学业成绩，准确地评估自己的状态，并为之采取相应的学习策略。在学习临场感中学习者能够形成自我效能感以及自我调节等方面的认知策略，对在线临场感理论框架起到了关键性的调节作用。学习临场感能促进学习者对教学临场感中教学内容学习进度的调整，加强社会临场感中同伴之间的联结与发展，减少情感临场感中消极情绪的累积，提升认知临场感的实现效果。

认知临场感是理论框架的目的

认知临场感源于学习者对教学内容进行创新性思维与批判性反思。在网络学习空间中学习内容不仅包括课程教学知识点的内容讲解，还包括学习者学习过程的阶段性成果。这些成果不仅包括文本描述，图片、声音、视频、动画等媒介均可作为学习者学习成果的呈现形式。它们不仅体现了学习者知识内化后的结果，也是对创新性思维和批判性反思的提炼。当这些成果被学习者分享到网络学习空间后，成为学习者认知网络的重要节点。当它们被学习者再次感知后，激发了学习者的自我效能以及自我调节行为，提升了学习者的高阶思维能力。

综上所述，认知临场感是在教学临场感、社会临场感、情感临场感、学习临场感共同作用下实现的，它促进了学习者由低阶学习向高阶认知的过渡，实现了知识学习向能力培养的转变。在线临场感理论框架内部结构关系如图 2－12 所示。

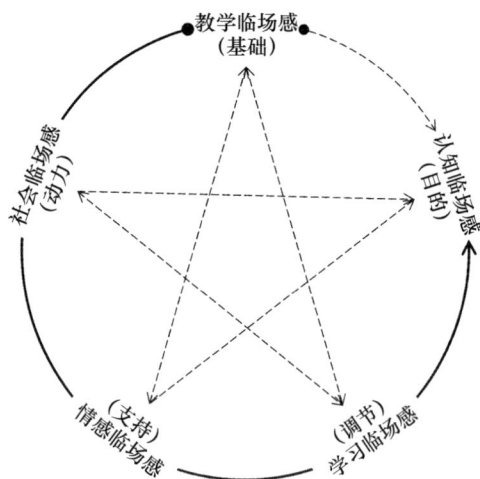

图 2 - 12　在线临场感理论框架的内部结构关系

二　理论框架的内部运行过程

在教学、社会、情感、学习、认知五种临场感形式的相互作用下，在线临场感理论框架的内部形成了一个动态的运作过程。

以学习体验为轴心

以学习体验为轴心体现了网络学习空间中学习者的主体地位。早期的在线临场感理论框架更多强调教育者教学经验的重要性，即以教育者的教学经验为轴心，从教学临场感出发，利用社会临场感的中介作用，提高学习者的认知临场感水平。随着信息技术的变革，在大数据学习分析技术的支持下，教育者能更加全面地掌握学习者的学习情况，这为学习体验作为在线临场感理论框架的轴心提供了可能性。学习体验轴心的确立为在线临场感理论框架的内部运行过程提供了核心支撑，促进在线临场感理论框架由早期的单向路径推送向多路径循回环路进行转变。

呈现螺旋上升过程

在学习体验轴心的支撑下，教学、社会、情感、学习、认知五种临场感形式能够形成螺旋上升的复合循回环路。即教学临场感是理论框架运行的起点，教育者通过教学临场感中的课程设计与管理，对学习者的学习内容和学习活动进行预设。学习者在教学临场感中开始课程内容的学习，根据教学活动的安排进行自主探究，通过学习活动完成的质量与发现的问题，决定进入社会临场感的时机和程度。学习者在社会临场感中进行相互交流，通过开放的沟通，自由的表达，促进问题解决。在情感临场感中学习者释放学习过程中累积的消极情绪，营造相互信任的环境，维系社会临场感的发展。在学习临场感中学习者对同伴和自身的学习行为进行观察和评估，可以激发自我效能感和自我调节方面的努力行为，对学习计划与策略进行修正，改进学习方法。在认知临场感中学习者对同伴的学习成果进行批判性反思，形成适合自身的高阶思维形式，并对其进行应用。

　　由此可见，在学习体验轴心的支撑下，在线临场感理论框架运作是从教学临场感开始，经过社会临场感、情感临场感、学习临场感，到认知临场感结束，形成一个不断反复的螺旋上升过程。在线临场感理论框架的运作过程如图 2－13 所示。

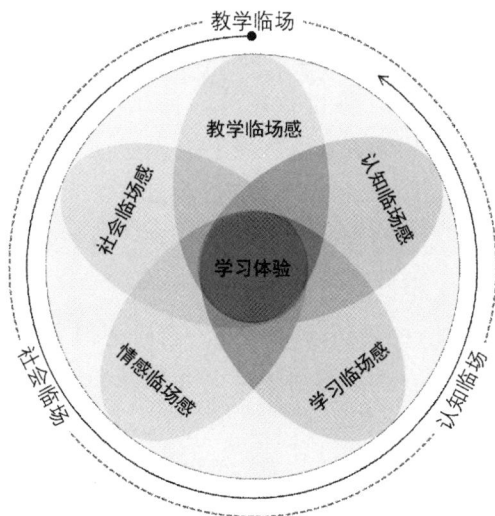

图 2－13　在线临场感理论框架的内部运行过程

三　理论框架的整体结构解释

在在线临场感理论框架的内部关系及运作过程分析的基础上，本书对教学、社会、情感、学习、认知等临场感的结构指标进行了整合，设计了在线临场感理论框架，在线临场感理论框架的组成结构包括独立区、交叉区和内核区。

独立区

在线临场感理论框架中每个临场感都存在各自的独立区域，在独立区域中每个临场感都在发挥自身的特有作用。教学临场感的独立区为课程设计，课程设计是教学临场感的核心构成，尽管学习者和其他制作者都有机会在不同阶段参与课程设计，但课程设计的主要过程是由教育者完成的。

社会临场感的独立区为开放沟通，开放沟通是学习者和教育者寻求达成一致理解的关键，它需要足够多的交流工具和舒适的讨论环境。

情感临场感的独立区为情感认同，情感认同是情感临场感的基础，当学习者置身于一种相互信任的环境时，他们更容易得到同伴的认同。

学习临场感的独立区是自我调节，自我调节是学习临场感的基础，在网络学习空间中学习者和教育者分别扮演着不同的角色，学习者需要根据教育者和同伴的行为进行自我调节，自我调节对学习者的学习规划、监督以及策略使用具有促进作用，也能加强学习者自我认知加工的反应过程。

认知临场感的独立区是高阶思维，高阶思维是认知临场感的目的，认知临场感的设计需要促进学习者知识建构过程中合作与沉思性的参与①。

交叉区

理论框架交叉区域是相邻临场感的重叠部分，重叠区域表示相邻

---

① 吴祥恩、陈晓慧：《混合学习视角下在线临场感教学模型研究》，《中国电化教育》2017年第8期。

临场感之间的作用关系。教学临场感与社会临场感之间的交叉区域是促进对话。在网络环境中教学临场感正在呈现社会化趋势，教师的教学话题具有显著的社会属性，它对于学生的话题参与是至关重要的。教学临场感能为学习者的互动提供活动框架，创造提升高阶思维的机会①。

社会临场感与情感临场感之间的交叉区域是群体凝聚。由于网络环境中社会性支持的缺失，学习者线上交流比面对面交流需要额外付出更多的努力，这会增加学习者的焦虑感，情感化表达手段的应用能够减少这种焦虑感，让学习者更舒适地进行话题表达，形成群体凝聚力。

情感临场感与学习临场感之间的交叉区域是自我效能。学习者在观察同伴学习行为的过程中，使用情感化表达手段，增强了他们彼此间的情感互信。这种互信促进了学习者产生"向上"的动能，促进了学习者对未来的学习规划设计以及自身学习行为的调节，帮助他们制定相应的学习策略，激发学习者的自我约束、自我管理、自我效能等方面的努力行为。

学习临场感与认知临场感之间的交叉区域是协作探索。网络学习空间中认知临场感的形成源自于学习者对教育者、自身以及同伴学习成果的反思，在学习临场感中学习策略的制定以及自我调节能力的提升，对学习者在认知过程中的协作探索具有促进作用。

认知临场感与教学临场感之间的交叉区域是直接指导。直接指导有助于教育者在线上教学过程中为学习者预设触发事件，帮助学习者解决协作探索过程中的困惑，形成达成一致的方案，通过知识分享，促进学习者对学习成果的反思，形成高阶思维能力。

内核区

学习者的学习体验是在线临场感理论框架的内核轴心，所有的临场感均以促进学习者的学习体验为目的。网络学习空间中学习体验的

① Armellini A., Stefani M. D., "Social Presence in the 21st Century: An Adjustment to the Community of Inquiry Framework", *British Journal of Educational Technology*, Vol. 47, No. 6, 2015.

发生结构分为三个不同层级，分别是历构层、预构层和临构层[①]。历构层是学习者对过去发生的多次学习经验以及自我感受的集合，它是学习者下一次学习体验产生的基础，学习者只有在以往知识经验的基础上，才能去建构和理解新知识。预构层是对历构层产生学习体验进行了补充和完善，它是学习者对即将到来的学习体验的一种期望。预构层有助于学习者在内心形成一种主观信念，激发学习者对学习需求的内在动力。临构层是历构层学习体验与预够层学习体验之间的认知平衡差，它是学习者与学习环境相互作用的产物，也是学习体验的实际发生途径[②]。

学习者学习体验发生结构的三个层级划分表明：临构层是学习体验的实际发生区域，是实现历构层向预构层过渡的关键，也是学习者在线临场感产生的核心区域。在早期的网络学习过程中，教育者在学习发生前缺少足够的数据，不能科学掌握学习者的学习体验情况，教育者只能凭借自身的教学经验，主观判断学习者在历构层的学习体验。在大数据学习分析技术的支持下，在线临场感理论框架能够让教育者在学习发生之前，全面掌握学习者在历构层的学习体验。通过对学习情境的预设，促进学习者学习体验在预构层的发生。预构层学习体验的发生源于学习者对预期学习成果的期待以及高阶思维能力的养成。在教学、社会、情感、学习、认知临场感形式的多维联动下，学习者在学习体验临构层对学习成果完成"触发""表达""评论""反思""解决"等行为，这也是网络探究社区成功与否的关键。

综上所述，在线临场感理论框架通过五种临场感形式，将教学细化为三种复合环路。一是在宏观理念层面对理论框架独立区域进行整合，即"课程设计—开放沟通—情感认同—自我调节—高阶思维"。二是在具体操作层面对理论框架重合区域进行整合，即"直接指导—

---

① 陈亮、朱德全：《学习体验的发生结构与教学策略》，《高等教育研究》2007 年第 11 期。

② 唐烨伟：《初中物理网络学习空间模型设计研究》，博士学位论文，东北师范大学，2015 年，第 35—37 页。

促进对话—群体凝聚—自我效能—协作探索"。三是在学生行为层面对理论框架内核区域进行整合，即"事件—表达—评论—反思—解决"。在线临场感理论框架的结构如图 2-14 所示。

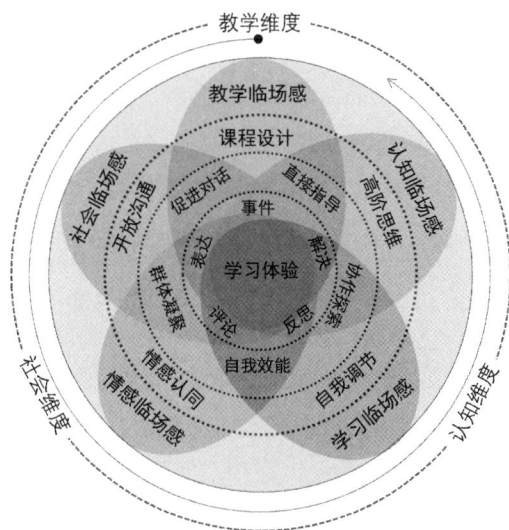

图 2-14 在线临场感理论框架

第三章 在线临场感理论框架的
实施路径

本章从在线临场感理论框架的客观条件入手，分析在线临场感理论框架运行的支持技术和实践环境，设计在线临场感理论框架的实施路径，为在线临场感理论框架的应用提供实践指导。

第一节 在线临场感理论框架的客观条件

在线临场感理论框架的客观条件用于分析理论框架实施的外部因素，这些因素跟在线临场感理论框架的内在结构没有直接联系，但它们会影响理论框架的实施效果。比如，提供新技术的适应期、注重学习者的最初联结期、激发学习者的参与动机、互动环境的差异、社会交互的反馈等。

一 理论框架运行的先决条件

在线临场感理论的运行是学习者在现行教学过程中寻找"脚手架"，实现新旧技术环境的有效衔接，促进学习者对新技术环境的适应过程。在线临场感理论框架运行的先决条件包括三个方面：一是向学习者提供一个新技术环境的适应期，二是注重学习者的最初联结期，三是激发学习者的参与动机。

提供新技术的适应期

人们对于陌生事物常常本能给予拒绝，这种拒绝在新技术应用方面表现得更加强烈。当人们对所处的环境感到舒适的时候，他们会对自身所处的环境比较依赖，如果离开这个舒适区，他们会感到不舒服，对新的环境产生抵触和拒绝。同理，在线临场感理论框架将教育者和学习者置身于一个新技术环境时，他们也会觉得自身被孤立，感觉到不舒服。如果技术手段仅满足于功能性实现或者单纯模仿课堂教学情境，这种不舒适将会更加明显。比如，教育者在网络学习空间无限制地增加任务点、测验以及低质量的学习材料，学习者会表现出烦躁和焦虑，错过教师的即时反馈，缺少与同伴、教育者的互动意愿，抱怨线上学习缺少像课堂教学一样的社交线索。因此，技术手段可能会成为在线临场感理论框架运行的阻碍。

注重学习者的最初联结期

当学习者置身于一个新技术环境时会出现不适应和抵制行为，这种不适应在学习者刚进入新技术环境时最为强烈。如果学习者在这个时期能够快速地适应学习环境，那么在后续的学习过程中，他们就能较好地参与其他学习活动中。反之，如果学习者在这一时间段内没有适应新的学习环境，那么在后续的学习活动中他们很可能不愿参与到同伴的活动中。学习者在网络学习空间中的最初联结期是在线临场感理论框架运行的关键期，教育者应尽可能地建立起新旧学习环境的联结，促进学习者彼此间信任的建立。教育者可以采用短视频或集中指导等形式，对课程的特点以及有效的信息进行介绍，使用在线测验、讨论线索或同伴互评等活动，鼓励学生找到资料并形成重要的联结。

激发学习者的参与动机

学习者的学习并不是盲目的，如果想让他们深入参加某项学习活动，需要让他们看到学习的价值以及成功的可能性。根据期望价值理论，学习者的学习动机主要包括四种类型，分别是外在动机（产生的成效）、成就动机（强化自我的机会）、社会动机（他人的评价）、内在动机（执行任务的过程）①。

---

① ［澳］约翰·比格斯、凯瑟琳·唐：《卓越的大学教学》，王颖等译，复旦大学出版社 2015 年版，第 98 页。

1. 外在动机

具有外在动机的学习者会因为学习带来的价值或重要性进行学习。他们更关注学习任务带来的结果，而不是学习任务的完成过程。比如，如果学习者期望获得该门课程的高绩点，那么他们会在意教学评价的设置以及教师的态度，并为之努力学习，这些学习者会对教学临场感和学习临场感的感知比较敏锐。如果学习者的学习动机仅仅是为了通过考试，他们会更关注与考试相关的内容，他们对各种临场感形式都不会敏感，他们的线上学习可能会出现刷课行为，这对在线临场感理论框架的实施形成了阻碍。

2. 成就动机

具有成就动机的学习者期望在学习过程中获得更多有价值的东西。他们喜欢与其他学生竞争并且超越他们，这种动机的学习者比较容易达到高阶学习，他们对认知临场感、学习临场感都比较敏锐。他们通常具有比较好的学习规划，注重对自身和他人的监控，以及获得教育者给予的较好评价。成就动机的学习者更强调个体的超越，他们不喜欢分享有价值的材料，也不愿解答同学的疑难问题，甚至会误导其他存在竞争关系的学习者，这对社会临场感的形成是一种阻碍。

3. 社会动机

具有社会动机的学习者会为了获得他人的认可进行学习。他们比较在意教育者和同伴的看法，期望获得自己心目中比较重要人物的肯定，也会效仿他们的行为。具有社会动机的学习者对教学临场感和社会临场感、情感临场感都比较敏锐，他们会模仿榜样的示范行为，专注于成果展示、点评、互评等活动，这在一定程度上有助于形成社会临场感中的群体凝聚力。

4. 内在动机

具有内在动机的学习者会因为学习任务或活动的本身价值进行学习，他们能够在没有任何外在的奖赏或压力的情况下完成学习。相对于其他动机形式，内在动机更持久，学习者能够以比较轻松的状态进入高阶学习。但内在动机也会随着学习任务的完成，进行相应的转变，如果学习者在学习过程中持续享有学习任务的成功带来的满足感，他们的内在动机也会不断增强，反之则会不断减弱。具有内在动机的学习者对教学临场感和认知临场感都比较敏锐，同时不排斥其他临场感形式。

由此可见，无论学习者属于哪一种学习动机，他们对教学临场感的感知最容易，接下来依次是认知临场感、社会临场感、学习临场感、情感临场感，同时学习者的学习动机也不是一成不变的。这意味着在线临场感理论框架的实施需要兼顾学习者的各种学习动机，最大限度地为他们创造喜欢的学习任务或机会，并使学习者看到预期或理想的学习效果，让他们产生更多的内在动机、社会动机以及成就动机，减少外在动机。

二　理论框架运行的环境条件

由于在线临场感理论框架的运行环境需要兼顾课堂教学和线上教学，因此理论框架运行的环境条件是实现高保真的面对面互动和小快灵的线上互动之间优势互补。

高保真的面对面互动

面对面互动为学习者提供高保真的学习体验，随着新型信息技术手段的应用以及网络宽带的提升，网络学习空间已经具备视频直播功能，但这并不意味着在线临场感理论框架的运行需要在网络学习空间中克隆面对面的教学环境。人们对传统大班面对面教学的质疑主要表现在两个方面：一是教育者长时间的枯燥讲解，二是无法兼顾学习者的个性化互动需求。这两个方面是线上教学的强项，在线上教学过程中学习者可以按照自己方法控制教学进程，教育者与学习者、学习者与学习者之间也可以进行个性化的异步互动。

事实上，讲座课仍然具有网络所无法比拟的优势，教育者对自己的研究领域具有敏锐的洞察力，这是教材以及网络资源所不具备的，优秀的教育者总是最先掌握学科的前沿知识。从临场感的视角看，网络（直播）教学永远不会比面对面的教师教学更具有亲和力，高保真的面对面互动给学习者带来了即时、高效、直接的学习体验，这也是专家型教师和管理者反对线上教学替代课堂教学的重要原因。从混合学习视角来看，讲座课跟网络课之间并不矛盾，两者之间是相互融合的，教师理应成为学生知识积累的原动力，帮助学生诠释并建构他们自己的知识，而不是仅仅作为现有知识的中转站①。

小快灵的线上互动

线上互动更多是异步互动的形式，它具有"小快灵"的特点，学习者与教育者以及学习者之间可以实现一对一的互动，学习者具有足够的时间进行知识反思②。也就是说，面对面互动擅长对问题进行头脑风暴式的集中解决，线上互动更擅长知识的内化与反思式的理解。在线临场感理论框架运行需要将面对面"高保真"的同步学习体验与线上"小快灵"的异步互动形式结合。这种结合并不表示线上学习不需要为学习者提供同步讨论，网络学习空间中同步互动是异步线性讨论和面对面互动的重要补充。学习者之间积极的、建设性的、相互参与的学习互动是在线临场感理论框架有效运行的显著特征，它能为学习者建立一种社区意识，提供参与协作讨论的机会，促进学习者进行有意义的学习，这对学习者建构课程内容的新含义是有意义的③。

三 理论框架运行的社会条件

在线临场感的实质是教育者与学习者、学习者与学习者之间的存在关系网络，理论框架运行的目的是促进这种存在关系的构建，在网络学习空间中这种存在关系的构建需要满足以下三个要素④。

---

① ［澳］约翰·比格斯、凯瑟琳·唐：《卓越的大学教学》，王颖等译，复旦大学出版社 2015 年版，第 98 页。

② Garner R. , Rouse E. , "Social Presence – Connecting Pre-Service Teachers as Learners Using a Blended Learning Model", *Student Success*, Vol. 7, No. 1, 2016.

③ Hrastinski S. , "How Do E-Learners Participate in Synchronous Online Discussions? Evolutionary and Social Psychological Perspectives", *Oncology*, Vol. 65, No. 1, 2012.

④ Dunlap J. , Lowenthal P. , *The Power of Presence：Our Quest for the Right Mix of Social Presence in Online Courses*, Charlotte, NC：Information Age Publishing, 2014, pp. 41 – 66.

社会性联结

社会性联结是学习者通过积极协作或分享创建彼此间的联系。对于学习者来说，他们与同伴之间的这种社会性联结很少自然发生，学习者作为网络学习社区的外围参与者，他们的学习动力源于网络学习空间中任务点的完成。教学内容是学习者学习的兴趣点，学习者并不会过多关注在网络学习空间中与同伴的社会交往，因此，社会性联结的目的是让学习者在学习过程中发现问题并解决问题。比如，知识设计如何与学习者的讨论进行联结，如何触发学习者的困惑感，在讨论过程中学习者如何进行问题表述，学习者在哪里提出问题，这些问题如何引起同伴的注意，学习者采用哪种讨论形式进行问题的解决，异步线性讨论还是同步聊天交流，采用小组活动探究还是跨小组群体互动，学习者在问题解决后的学习成果如何呈现给同伴，同伴需要在哪些层面对这些成果进行反思等。

简言之，学习者的社会性联结是在学习目标的激励下由知识点开始不断产生思维碰撞的过程。它让学习者在自主探究过程中发现问题，合作互助过程中解决问题，成果分享过程中创造问题，最终提升高阶思维能力。通过教学、社会、情感、学习、认知等临场感形式，在线临场感理论框架能够解决学习者在社会性联结过程中存在的问题，学习者之间有效的社会联结是在线临场感理论框架运行的核心要素。

多样化反馈

多样化反馈是对学习者社会性联结过程中努力行为的一种回应。学习者在学习过程中会向教育者或者同伴发出联结的请求，这种请求既可以面向学习者的群体提出，也可以面向学习者的个体提出，无论采取哪一种形式，学习者都会期望得到教育者或同伴的反馈。学习者期望的反馈是具有时效性和准确性的，时效性是学习者期望问题解决前得到反馈，最佳反馈是问题提出后即时得到；准确性是学习者得到的反馈结果能够帮助他们解决问题。

问题解决是衡量反馈结果有效性的关键，学习者通常会根据问题的性质采取不同的请求方式。对于一些事实性、概念性的知识问题，它们是关于是什么、为什么的问题，比较容易理解，也便于解答。学习者通常会向群体发生请求，他们的答案常常蕴藏在课程教学内容中，学习者通过自主探究往往能够得到解决。

对于程序性的知识，关于如何做的问题，问题解决与否关系到学习者的学习进程能否持续，通常会让学习者产生一定程度的焦虑，学习者期望得到及时准确的反馈结果。线上学习的特殊性决定了学习者面对的程序性知识问题既包括课程教学的知识性问题，也包括网络学习空间非可控性因素导致的操作性问题。对于课程教学的知识性问题，它们具有相对规范和统一的答案。而对于网络学习空间非可控性因素导致的操作性问题，如视频无法观看、作业无法提交，需要同教育者或同伴共同协商解决。

对于那些反省认知的知识，主要是关于怎么办的问题，它们通常是由学习者在作品分享后，由同伴发出的请求。这些问题的解决源于学习者自身累积的策略知识以及同伴问题引发的自我效能感。

易习得路径

易习得路径是学习者进行联结请求或反馈时的实现过程，在线临场感理论框架运行过程中越容易实现的路径越能让学习者获得愉悦的学习体验，在网络学习空间中路径联结需要满足"近距离""有指向""可分享"等特点。

1. 近距离

"近距离"是指学习者在进行某项学习活动时可以直接在活动区域内发出联结请求或给予反馈。比如，学习者通过视频弹幕在视频区域内对教学内容进行提问，其他学习者在视频同一位置也能观看到这些问题，加深他们对视频内容的思考，并给予相应的反馈。如果没有视频弹幕，学习者则需要暂停并离开视频活动区域，在话题或群组讨论区中发布他们的问题，那样学习者很可能为了学习的连贯性，搁置问题发布，选择继续观看视频学习。

2. 有指向

"有指向"是指教育者需要为学习者提供明确的访问路径。学习任务单是实现"有指向"路径的一种实现方式，在学习任务单中教育者可以对学习者的学习任务进行预设，向学习者明确问题的具体解决途径。比如，明确日常学习讨论的区域，以及作业疑难的讨论区域等，让学习者清楚他们在哪里提问，采用什么形式进行提问。此外，教育者利用置顶、加精等形式也可以提高讨论区域指向的辨识度。

3. 可分享

"可分享"指学习者可以随时将学习内容、学习活动、学习成果分享到指定位置。"可分享"丰富了学习者之间的社会联结路径，实现了学习者认知网络节点之间的无缝对接。当学习者完成某一学习活动后，可以随时将这些活动成果分享到群组、讨论、消息等学习节点中，实现了教育者、学习者、知识、活动之间的无限跳转。

第二节　在线临场感理论框架的技术支持

在线临场感理论框架的实施离不开信息技术手段的支持，这些技术手段主要表现为视频支持技术、移动学习技术、学习分析技术。

一　视频支持技术

视频支持技术对在线临场感理论框架的支持主要表现在教学内容的知识呈现、临场再现两个方面。

知识呈现

在早期网络教学中视频受到压缩技术和传播技术的限制，实现清晰流畅的播放是视频应用的瓶颈问题，学习者经常面对着低分辨率或卡顿的视频画面。随着流媒体技术、压缩技术、弹幕技术的应用以及网络宽带的提升，解决了网络学习空间中视频的清晰度、流畅性、交互性等问题，视频成为网络学习空间中最主要的教学资源形式。当前，1080P、4K等高清标准让视频清晰度无限接近高保真图像的画质，高清视频的流畅播放不仅提升了学习者的观看体验，也为学习者提供了身临其境的临场效果。

临场再现

视频承载着教育者的部分职能，比如，呈现教育者的神态、手势动作以及喜、怒、哀、乐等情绪，激发学习者的存在意识，减轻网络学习过程中学习者的孤独感，增强学习者与教育者的临场效果。视频采用图像和声音结合的动态展示形式，向学习者推送各种信息，通过临场再现，吸引学习者的注意力，方便学习者进行自主学习。视频也是适宜的模仿对象，学习者通过观摩教育者和同伴的视频资料，可以增加记住学习成果内容的机会，促进学习者的批判性思维发展，激励学习者创造自己的视频项目[1]。

视频作为教学资源的主体，包括有教师形象和无教师形象两种情况，尽管从学习效果角度看，视频是否呈现教师形象对学习效果并无直接影响。但绝大多数在线开放课程中的视频均呈现了教师形象[2]，当教师形象作为一种社会线索引入到多媒体学习中，真实动态的教师形象可以增强学习者的交互性体验，促进学习者以更加认真的态度参与学习[3]，呈现教师能让学习者在观看视频的过程中产生一种和"真人"互动的感觉[4]。

随着视频直播技术的发展，教育者可以通过同步视频和异步视频两种形式向学习者提供临场情境。同步视频是教育者进行在线答疑的有效形式，通过同步直播，教育者可以实时解答学习者遇到的难点问题。异步视频能够让教育者更好地进行教学内容预设，对教学内容进行精致讲解。异步视频不仅能够呈现教育者的临场效果，同时也可以综合利用图形、图像、音频、动画等形式对教学知识点进行动态呈

---

① Berk R. A.，"Multimedia Teaching with Video Clips：TV，Movies，Youtue，and Mtvu in the College Classroom"，*International Journal of Technology in Teaching and Learning*，Vol. 5，No. 1，2009.

② 杨九民、陶彦、罗丽君：《在线开放课程教学视频中的教师图像分析：现实状况与未来课题》，《中国电化教育》2015 年第 6 期。

③ 郑俊、赵欢欢、颜志强、王福兴、马征、张红萍：《多媒体视频学习中的教师角色》，《心理研究》2012 年第 5 期。

④ Tu C. H.，*The Measurement of Social Presence in an Online Learning Environment*，Chesapeake：AACE，2002，pp. 34 – 45.

现。异步视频的不足之处在于教育者需要付出更多的时间和技术方面的成本，但高质量的学习效果值得教育者付出相应的成本①。

二　移动学习技术

移动学习技术对在线临场感理论框架的支持主要表现在便捷性、时效性以及情感化表达手段应用三个方面。

便捷性

网络学习空间的学习终端包括 PC 平台和 APP 平台。PC 平台具有大屏优势，方便学习者观看视频学习，让学习者具有更好的专注度。但 PC 平台让学习者局限于某一固定的场所，对于高校学习者来说，他们并不具备随身携带 PC 的条件。他们的线上学习通常发生在计算机教室或寝室等环境中，学习发生时间和地点相对单一，网络学习的便捷性优势并没有得到充分展现，学习者之间建立存在关系的难度增大。相对于 PC 平台，APP 平台具有更佳的便捷优势，填补了 PC 平台使用的空白期。APP 平台是学习者社会化学习的最佳工具，具有便捷性优势和可穿戴技术特性，学习者可以随时随地访问网络空间进行学习。

时效性

APP 平台的使用让学习者实现全时段、全方位、全领域的个性化学习②，在真正意义上实现了线上学习的全天候模式。教育者将课程学习的任务点、话题讨论、作业等信息第一时间推送给学习者，学习者可即时了解到教育者教学活动的布置情况。当学习遇到问题时，学习者可以随时随地使用 APP 平台进行提问，这些问题及时被教育者和同伴发现，激发了学习者的思考，并得到关注和解决。因此，网络学习空间的时效性有助于培育学习者的学习粘性和习惯。

---

① Schuck S. , Kearney M. , "Classroom-Based Use of Two Educational Technologies: A Sociocultural Perspective", *Issues in Technology and Teacher Education*, Vol. 8, No. 4, 2008.

② 詹青龙、杨梦佳、郭桂英：《CIT：一种智慧学习环境的设计范式》，《中国电化教育》2016 年第 6 期。

情感化表达手段应用

在网络学习空间中文本是传递信息的主要形式。文本作为中性的表达形式，无法全面释放学习者的自身情绪，较难准确地传达某种情感氛围。通过智能终端的使用，学习者可以在文本表述的基础上，综合使用网络用语、表情符号、语音表达等多种情感化表达手段。

1. 网络用语

"网络用语"是伴随着互联网的发展而风靡的，它是人们利用社交媒介进行交际与表达活动时所使用的语言。"网络用语"既是一种特殊的语言现象，也是一种社会文化现象，蕴含着丰富的社会文化、情感和心理[1]。它是年轻人表达情感的主要语言方式之一，通常包括拼音或者英文字母的缩写，以及蕴含某些特殊含义的数字和生动形象的网络动画或图片。

2. 表情符号

"表情符号"是网络传播的显著特征之一。网络改变的不仅仅是人们传播信息的速度和质量，还极大地丰富了人们表情传意的方式。"表情符号"的情感作用主要表现在两个方面：一是为传递的信息添加某种情感氛围，二是试图对情感的本身进行表达。在传统教学中师生在进行口头语言交际的时候，常常借助语气、语调、敬语、礼貌、情感遣词等文字外的手段，传递某种情绪氛围中的意思，这些是文本传播所不具备的。"表情符号"可以在网络学习空间中营造情绪氛围，在表情符号的加持下，文本表达兼具陈述和替代情感的作用，实现口头交际的表达效果[2]。

3. 语音表达

"语音表达"是网络用语和表情符号外，一种常见的情感表达方式。从信息传达的视角，语音表达比文字、符号更加便捷。无论是同步场景还是异步场景，语音表达的丰富性与准确性均高于文字和符

---

[1] 申小龙：《网络流行语成年轻人表达情感的主要语言方式之一》（http://zjnews. china. com. cn/yuanchuan/2019 – 03 – 22/167827. html）。

[2] 徐贲：《表情符号表现怎样的情感》，《中国新闻周刊》2016 年第 32 期。

号，它既包含原有的信息内容，还兼顾着语气、语调、重音分配等各种额外信息①。语音的沟通表达更具有效率，可以创造更加和谐的讨论气氛，传达更多的善意和友好的人际关系。

三 学习分析技术

学习分析技术对在线临场感理论框架的支持主要表现在学习行为呈现、学习成长记录、教与学策略制定三个方面。

学习行为呈现

学习分析技术能够对网络学习空间中学习者的各项学习行为进行可视化统计，这些数据呈现了学习者的学习时段、学习时长、任务点完成、学习工具、讨论参与、学习进度、学习效果、学业成绩等信息，反映了学习者的参与度、彼此间的联结情况、各项喜好等。比如，学习者是否经常在课后登录平台学习，学习者是否对视频进行反复观看，学习者通常在哪些时段进行视频学习，学习者使用 PC 还是使用智能终端观看视频学习，测验试题能否满足教学目标的实现等。

学习成长记录

学习分析技术向学习者呈现了自身的任务点完成、话题发布以及同伴话题参与、测验成绩等数据，让学习者了解已经完成的或即将需要完成的学习活动。同时，学习分析技术还让学习者感知到教育者和同伴的线上学习行为，对自身或同伴的学习行为进行监控，让学习者准确评估自己的学习进度，明确自己或同伴在网络学习空间中所处的位置。

教与学策略制定

在学习分析技术的支持下，教育者能够准确掌握学习者的参与度、学习者之间的联结情况，为教学活动的安排提供依据。教育者使用学习分析技术，能够更科学地进行教学预设，准确地制定教学策略，调整教学进度，构建话题讨论框架，规范学习者的学习行为，促

---

① 人人都是产品经理：《语音和文字，信息的表达、接收与记录》（https://baijiahao. baidu. com/s？id=1677140713858313945&wfr=spider&for=pc）。

进学习者之间的联结发展。学习者使用学习分析技术能够结合学习数据的反馈情况，制定适合自身发展的学习计划，采取相应的学习策略。

第三节　在线临场感理论框架的实践环境

实践环境是在线临场感理论框架的运行载体，它为理论框架的运行提供了教学资源、教学活动以及运行环境，是理论框架顺利实施的保障。

一　网络学习空间教学资源设计

结合网络学习空间的技术特性，本书将网络学习空间教学资源归纳为学习任务单、视频课程、电子教材、配套资源、习题与测验五个部分。

学习任务单

学习任务单是为学习者提供在线临场感网络构建过程中的导航、路径和任务。主要包括学习目标的阐述、待完成的任务点、需要解决的问题、讨论话题结构安排、讨论形式、成果完成形式、学习成果评价方法等，帮助学习者明确相关专题学习的目标、方法、过程、结果、评价等环节的要求。

视频课程

视频课程通过多种媒介手段的组合和真人讲解向学习者呈现教学资源。根据知识类型的不同，视频课程设计包括两种形式。对于陈述性知识，多采用教师讲解的形式，以中全景和近景为主，中全景用于展现教师的手势和形体动作，近景用于展现教师的神态表情，减少视频学习的枯燥感。对于程序性知识，多采用图形、图像、图表、动画等知识可视化的表征手段，通过知识过程化的动态展示，帮助学习者理解知识的内在过程。

电子教材

相对于视频的非暂留性，图文式的电子教材可以长时间停留，便于学习者系统地掌握教学知识点。由于教学视频的修改周期长，制作成本高，因此多用于经过实践检验的精品微课制作。而电子教材作为图文资料，能够发挥数字化学习的优势，制作成本比较低，教育者可以随时随地将学科的前沿知识整合到电子教材中，供学生阅读学习。

配套资源

配套资源包括教学课件、拓展阅读材料等。教学课件能让学习者对教学内容进行集中式反思，拓展阅读材料可以促进学习者的个性化发展，帮助学习者对知识进行巩固与迁移。

习题与测验

习题采用客观题的形式，由单选、多选、填空、判断等题型构成。为了确保学习者教学视频观看的连贯性，本书中的习题是以章节测验的形式作为专题学习内容呈现，并没有将其插入到视频中。

二　网络学习空间教学活动安排

结合网络学习空间的基本功能，网络学习空间教学活动安排包括教学内容推送、视频播放控制、教学互动管理、教学评价手段、教学质量监控等活动。

教学内容推送

教学内容推送包括公开、定时、闯关三种模式，这三种模式具有不同的适用范围。在公开发放模式下，学习者可以对课程的教学内容进行任意选择，它适用于学生的自主学习；在定时发放模式下，课程教学内容将在指定的时间内开放，它适用于教师对教学内容的预设；在闯关发放模式下，学习者需要按照章节的既定顺序完成学习，不能进行章节跳跃，它适用于学习者对教学内容的进阶学习。

合理设置推送模式，能够控制课程的学习进度。在课程学习初期，教育者使用闯关发放模式推送教学内容，帮助学习者系统性地掌握课程教学的知识点，培育学习者的学习习惯；在课程学期中期，教育者定期关闭已经完成的学习章节，对即将进行的专题或章节采用定时发放的模式，控制学习者的学习进度，使其与课堂教学进度保持一致，避免学习者刻意追求课程进度的刷课行为；在课程学习后期，教育者对已经学习过的章节进行全部公开，让学习者进行自主学习。

视频播放控制

课程平台对视频播放具有"视频弹幕""防拖拽""防切换""任务点完成率""倍速播放"等选项。在"视频弹幕"模式下，学习者可以对视频内容进行吐槽和评论；在"防拖拽"模式下，学习者必须按照视频播放的进度观看，不能对视频进行快进或跳跃播放；在"防切换"模式下，视频窗口必须处于激活状态，一旦学习者将视频窗口切换到其他页面中，视频播放会自动停止；在"任务点完成率"模式下，教育者可以对视频的观看时长进行设置，通过降低任务点的完成率，减少学习者视频学习的所用时长；在"倍速播放"模式下，学习者可以对视频进行快速播放，提高学习效率。

对于教育者来说，如何设置视频播放控制是在学习质量保障和个性化发展之间的一个两难选择。如果教育者为了提升学习者的视频学习质量，减少学习者的"刷课"行为，教育者会选择"防拖拽"和"防切换"模式，任务点完成率为100%，但这对于学有余力的同学来说，视频学习过程可能是一个比较难熬的过程。如果教育者为了促进学生的个性化发展，就需要取消"防拖拽"模式，降低"任务点完成率"，允许"倍速播放"，这样学习者就可以自主选择学习内容，但这也有可能会让部分具有"外在动机"的学习者进行"刷课"。

教学互动管理

教学互动管理包括教学通知、视频弹幕、话题讨论、聊天室等。教学通知是推送学习任务单、督促作业、线上考试准备的有效方法；视频弹幕是对教学视频进行互动教学的有效方法；话题讨论是记录问题解决的有效方法；聊天室是进行同步信息交流的有效方法。通过教学互动管理，教育者可以向学习者明确教学的基本要求，推送教学资源，预设话题讨论框架，参与聊天和视频弹幕活动，实现教育者的临场。

教学评价手段

教学评价手段包括测验、作业、在线考试。测验是过程性的评估手段，用于考察知识点的记忆和理解情况。作业是学习者高阶思维能力的评估手段，借助同伴互评的形式，促进学习者批判性思维的发展。在线考试是总结性评估手段，用于考察学习者不同时期的学习结果，比如，期中在线考试、期末在线考试。

教学质量监控

教学质量监控包括访问次数、占线时长、视频完成时间、视频弹幕情况、视频反刍比、讨论数量、点赞数量、测验成绩、作业完成、在线考试成绩等。教育者利用学习者学习数据的监控反馈，制定教学策略。同样，学习者也利用同伴学习数据的监控反馈，掌握同伴的学习情况，调整学习策略。

三 网络学习空间在线临场感环境

在在线临场感理论框架教学活动安排的基础上，本书参考 Jie Chi Yang 等人在线临场感结构框架[①]，结合教学临场感、社会临场感、情感临场感、学习临场感和认知临场感环境结构指标，利用网络学习空间的具体功能，设计了在线临场感理论框架的实施环境。如表 3 - 1 所示。

教学临场感环境

教学临场感环境包括课程设计，教学组织、促进对话、直接指导、评价反馈五个方面。在课程设计方面提供了学习目标、微课视频、电子教材、专题讨论、习题测验、教学课件、拓展资源等学习材料。在教学组织方面，提供环境教学通知、课程学习、课堂活动、参考资料、讨论、作业、考试等活动模块。在促进对话方面，使用案例

---

① Jie chi Yang, Quadir Benazir, Chen Nian-Shing et al, "Effects of Online Presence on Learning Performance in a Blog-based Online Course", *Internet and Higher Education*, No. 30, 2016.

点评、成果展示、讨论给分等方法。在直接指导方面，使用教学通知、建立讨论话题、直播教学或课堂教学等手段。在评价反馈方面，提供学习成绩的权重指标及设置、教师批阅、同伴互评、成果点评等手段。

社会临场感环境

社会临场感环境包括自由表达、开放沟通、群体凝聚三个方面。在自由表达方面，提供课程微信群、平台聊天室、内置线性讨论话题、平台生成性讨论等讨论工具。在开放沟通方面，提供话题点赞、精华或置顶等选项，允许学习者评论并引用同伴的话题。在群体凝聚方面，提供小组学习平台，为每个小组提供一个讨论论坛。

情感临场感环境

情感临场感环境包括活动情感、定向情感、结果情感三个方面。在活动情感方面，提供表情、符号、点赞、视频弹幕、语音表达等情感化表达手段。在定向情感方面，提供 1v1 和异步话题记录，允许学习者之间进行定向交流。在结果情感方面，提供多层级的讨论，允许学习者进行多维度的情感表达。

学习临场感环境

学习临场感环境包括学习规划、学习监控、策略使用三个方面。在学习规划方面，提供了"学习记录"查询，学习者可以即时掌握学习活动的完成情况，包括已经完成的和即将要实现的，制定为完成目标所需要的计划。在学习监控方面，提供学习数据统计功能，学习者可以观察到同伴的学习进程以及个人排名，找出自己与排名前列的学习者在各项任务中的差距。在策略使用方面，提供"督学"功能，激励或督促学习者完成相关学习任务，开展自主或协作探究等学习活动。

认知临场感环境

认知临场感环境包括触发事件、协作探索、信息整合、问题解决四个方面。在触发事件方面，教育者在"学习任务单""作业""案例研习"等活动中内置事件。在协作探究方面，学习者需要有效解答同伴规定数量的问题。在信息整合方面，学习者对同伴话题进行批判性反思或在同伴互评中对作品进行描述性批阅。在问题解决方面，学习者分享规定数量的学习笔记，对新知识进行反思性与总结性描述。

表3-1　　　　　　　　在线临场感理论框架实施环境

类型	分类	跟网络学习空间的相关性
教学临场感	课程设计	提供学习目标、微课视频、电子教材、专题讨论、习题测验、教学课件、拓展资源等学习材料
	教学组织	提供教学通知、课程学习、课堂活动、参考资料、讨论、作业、考试等活动模块
	促进对话	使用案例点评、成果展示、讨论给分等方法
	直接指导	使用教学通知、建立讨论话题、直播教学或课堂教学等手段
	评价反馈	提供学习成绩的权重指标及设置、教师批阅、同伴互评、成果点评等手段
社会临场感	自由表达	提供课程微信群、平台聊天室、内置线性讨论话题、平台生成性讨论等讨论工具
	开放沟通	提供话题点赞、精华或置顶等选项，允许学习者评论并引用同伴的话题
	群体凝聚	提供小组学习平台，为每个小组提供一个讨论论坛
情感临场感	活动情感	提供表情、符号、点赞、视频弹幕、语音表达等情感化表达手段
	定向情感	提供1v1和异步话题记录，允许学习者之间进行定向交流
	结果情感	提供多层级的讨论，允许学习者进行多维度的情感表达
学习临场感	学习规划	提供"学习记录"查询，学习者可以即时掌握学习活动的完成情况
	学习监控	提供学习数据统计功能，学习者可以观察到同伴的学习进程以及个人排名
	策略使用	提供"督学"功能，激励或督促学习者完成相关学习任务

续表

类型	分类	跟网络学习空间的相关性
认知临场感	触发事件	教育者在"学习任务单""作业""案例研习"等活动中内置事件
	协作探究	学习者需要有效解答同伴规定数量的问题
	信息整合	学习者对同伴话题进行批判性反思或在同伴互评中对作品进行描述性批阅
	问题解决	分享规定数量的学习笔记，对新知识进行反思性与总结性描述

第四节　在线临场感理论框架的实施路径与支架

在临场感理论框架的实施路径是将在线临场感理论框架同知识类型、教学目标、教学支架、高阶思维相结合，通过课程教学的关键环节设计，对理论框架的实施路径进行归纳。

一　理论框架的应用模式

网络学习空间学习者在线临场感水平偏低源于学习者的低阶学习水平，学习者的高阶学习并不会自动产生。在线临场感理论框架需要从根本上厘清在线临场感理论框架与知识类型以及教学目标之间的关系。

在线临场感理论框架与知识类型关系

学习者之所以产生联结的请求是因为他们需要对知识的学习形成闭环，知识类型是在线临场感理论框架应用要解决的首要问题。

1. 知识类型

关于知识的分类，安德森将知识分为两个大类：一类是陈述性知识，回答世界是什么或为什么的问题；另一类是程序性知识，回答怎么办的问题。为了区分这两大类知识，安德森进一步将知识类型划分为事实性知识、概念性知识、程序性知识、反省认知知识四种类型①。事实性知识是学生通晓一门学科或解决问题所必须知道的基本要素，包括术语知识、具体细节和要素知识。概念性知识是呈现各成分共同作用的较大结构中基本成分之间的关系，包括分类和类目的知识、概念和原理的知识、理论模型和结构的知识。程序性知识是如何做、研究方法和运算技能、算法、技术和方法的标准，包括具体学科的技能和算法的知识、技术和方法的知识、决定何时运用适当程序标准的知识。反省认知知识是一般认知知识和有关自己认知的意识和知识，包括策略性知识、自我知识、情景性和条件性知识在内的关于认知任务的知识。

2. 临场感应用形式

知识类型不同，学习者采用的学习过程与方法不同，学习者之间产生的联结形式也会存在差异，学习者面对的临场感形式也会不同。对于事实性知识和概念性知识，学习者利用教学临场感即可完成，教育者通过对教学内容的预设，完成知识点视频的制作，学习者通过反复观看知识点的讲解视频，即可掌握这些知识点。对于程序性知识，不仅需要学习者进行记忆，还需要在实践中进行验证，单纯依靠学习者的个体努力，在实践中可能会遇到各种问题。这些知识类型除了需要教学临场感的支持，还需要学习者在社会临场感和情感临场感中，通过同伴互助进行解决。对于反省认知知识，它是关于认知的知识，学习者需要通过知识的反思获得，需要在教学、社会、情感、学习、认知临场感的共同作用下，通过个体努力和同伴行为的反思实现。

在线临场感理论框架与教学目标关系

1. 教学目标分类

关于教学目标，安德森在《布卢姆教育目标分类学修订版》中将学习者的认知过程由低级到高级分成如下六级水平②：记忆——从长

---

① ［美］L. W. 安德森等编著：《学习、教学和评估的分类学：布卢姆教育目标分类学修订版（简缩本）》，皮连生主译，华东师范大学出版社 2008 年版，第 25—28 页。

② 吴红耘：《修订的布卢姆目标分类与加涅和安德森学习结果分类的比较》，《心理科学》2009 年第 4 期。

时记忆中提取有关信息；理解——从口头、书面和图画传播的教学信息中建构意义；运用——在给定的情境中执行或使用某种程序；分析——把材料分解为它的组成部分并确定部分之间的联系以形成总体结构或达到目标；评价——依据标准做出判断；创造——将要素加以组织形成一致的或功能性的整体，将要素重新组成新的模式或结构。

2. 高阶思维

布卢姆教育目标包括低阶思维和高阶思维两大类。低阶思维主要包括记忆、理解、运用三个目标，高阶思维包括分析、评价、创造三个目标。低阶教学目标是高阶教学目标的基础，学习认知过程是由低阶向高阶的转变。学习者在由低阶认知向高阶认知过渡的过程中，他们对知识的需求不断发生变化。随着教学目标的变化，知识类型也在进行改变，如陈述性知识可以转化和迁移为程序性知识，程序性知识也可以转化和迁移为陈述性知识[1]。

即使同一种类型的知识，随着教学目标的改变，教学过程也是不相同的。比如，事实性知识是学习者通过记忆掌握的，它是学习者进行创造的重要基础。概念性知识是学习者通过理解掌握的，它是学习者进行评价时的理论依据。程序性知识学习者也需要识记操作的相关过程，这样才能在实践过程中加以应用。对于学习者来说，如果他们将知识的记忆、理解、应用等低阶思维作为学习目标，依靠个体努力即可完成，那么学习者之间的在线临场效果也会随之较弱；反之，如果学习者将分析、评价、创造等高阶思维形式作为学习目标，他们不仅需要进行个体的努力，还需要在同伴和团队的共同支持下完成，学习者之间的在线临场感也会随之加强。

在线临场感理论框架应用模式

在线临场感理论框架的应用以促进学习者进行深层且有意义的学习为目的，实施目标是促进学习者"分析""评价""创造"等高阶

---

① 吴红耘：《修订的布卢姆目标分类与加涅和安德森学习结果分类的比较》，《心理科学》2009 年第 4 期。

思维能力的培养。在线临场感理论框架的应用应结合具体的教学目标，对不同的知识类型，采取适合的临场感形式。在线临场感理论框架在知识类型和教学目标之间架设了桥梁，它的价值在于促进学习者由低阶学习向高阶学习进行转变，解决劣构的问题或复杂任务的建构，提升学习者在深层理解基础上的知识迁移能力。

在理论框架支持下学习者的知识类型、学习过程、认知目标之间形成了循回环路。知识类型是学习者学习的起点，教育者依据具体的知识类型，在理论框架中预设教学、社会、情感、学习、认知等临场感的触发事件。教学认知目标的实现是学习者学习的终点，教育者根据学习触发事件的完成效果，判断认知目标的完成情况。如果学习者完成了认知目标，他们会选择新的知识类型，开始新的学习周期。如果学习者没有完成认知目标，教育者会在在线临场感理论框架中为其预设干预事件，让学习者重新进入在线临场感环境中完成学习。在线临场感理论框架应用模式如图 3 - 1 所示。

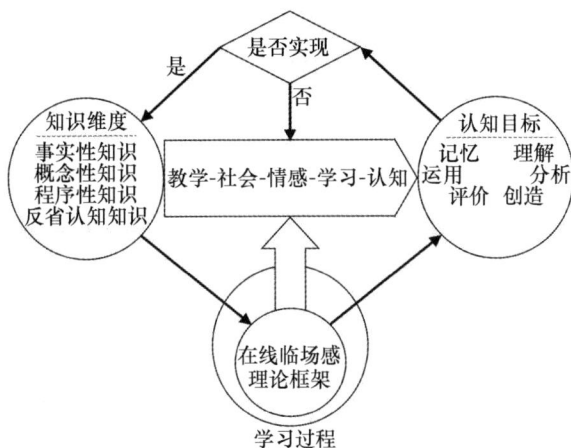

图 3 - 1 在线临场感理论框架应用模式

二 理论框架的关键环节

教育心理学研究表明，学习是一个感性认识和理性认识相结合的过程，感性认识是学习者对知识点的初步理解，理性认识是学习者在知识学习结束后形成的高阶思维能力，感性认识是理论认识的基础①。为了促进学习者由感性认识向理性认识的转变，理论框架运行过程的关键环节是课程教学的知识设计、社会互动和认知加工等部分。

知识设计

知识设计对课程教学的知识点进行预设、管理与实施，主要包括课程设计、知识管理、活动规划、直接教学四个步骤。课程设计是围绕课程教学内容对课程教学结构进行预设；知识管理是对课程教学的知识点进行划分，明确具体的知识类型，设计相应的教学策略；活动规划是为知识点设计具体的教学活动，明确课堂教学与线上教学的任务安排；直接教学是明确教学过程中教育者具体的讲解内容以及教学方法。

教学临场感是知识设计实现的主要临场感形式，在线课程是教学内容临场的实现载体，教学活动是教育者临场的实践场所，教育者围绕课程教学的知识点，对其进行设计、管理，设置相关讨论话题，提供及时规范的评价方法，并在适宜的节点进行直接教学。

社会互动

社会互动是对课程交互活动的设计与维系，包括开放沟通、自由表达、情感认同、共同信任等实现过程。开放沟通是社会互动的基础，学习者只有在开放沟通的环境下才会更好地发现问题并与同伴进行交流，实现彼此间的自由表达。情感认同是学习者自由表达的目的，学习者只有在充分的自由表达过程中才会对同伴产生情感方面的认同，逐步形成群体凝聚力，最终形成共同信任的学习环境。

社会互动设计主要通过社会临场感和情感临场感两种形式实现，社会临场感实现学习者的开放沟通，情感临场感实现学习者之间的情

---

① 余文森：《论学科核心素养形成的机制》，《课程·教材·教法》2018 年第 1 期。

感认同，两者之间有效衔接的关键是学习者在学习过程中释放消极的情绪。这就要求教育者在网络学习空间中要为学习者提供足够多的交流工具，这些交流工具能够被学习者舒适地使用，学习者需要明确在哪里提出话题、如何提出话题、话题的评价标准是什么、话题对于后续学习的价值有哪些？教育者要时刻关注学习者在学习过程中的定向情感、活动情感、结果情感等方面的表现，并为之采取相应的策略，及时释放学习者累积的消极情绪。

认知加工

认知加工是对课程认知活动的设计与实施，认知加工设计主要包括自我效能、自我调节、成果分享、问题解决四个过程。自我效能是指学习者对自己是否能够成功地进行某一成就行为的主观判断。自我调节是激励学习者个体拥有或调用适当策略进行学习①。成果分享是学习者在富有成效的学习环境中观察同伴学习的过程性成果，促进知识反思的内化过程。问题解决是学习者在知识反思的过程中，发现并解决问题，实现自身的学习目标。

认知加工设计主要通过学习临场感和认知临场感两种形式实现。学习临场感是激发自我效能的关键，学习者通过对同伴和自身学习行为的监控，加强对自我行为能力的判定，并为之制定相应的自我调节学习策略。认知临场感以高阶思维为目的，高阶思维是学习目标实现后内化的结果。自我效能感和高阶思维之间有效衔接的关键是学习者自我调节学习策略的制定。学习者通过对认知临场感中相关话题的深入思考，调整学习规划，在规定的时间内完成相应的教学内容。学习者在同伴互助的过程中对话题进行批判性反思，改善自身的学习策略，形成高阶思维能力，在新知识的应用过程中，解决现实生活中遇到的实际问题。在线临场感理论框架运行过程，如图 3-2 所示。

---

① 桑青松：《自我调节学习：策略型学习者实现自我效能的超越》，《心理科学》2004年第 5 期。

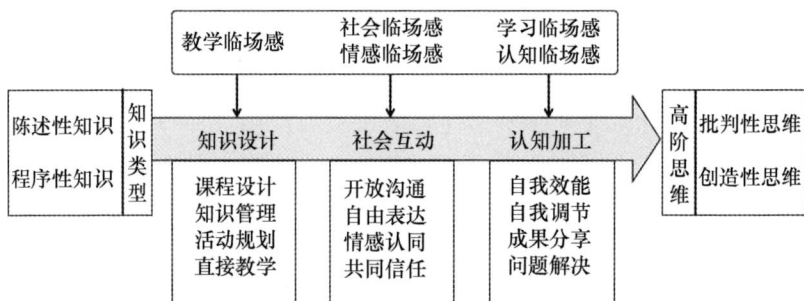

图 3 - 2　在线临场感理论框架运行过程

三　理论框架的实施路径

在在线临场感理论框架的应用模式和关键环节分析的基础上,本书结合课程教学中的一般过程,使用教学、社会、情感、学习、认知等临场感形式,在知识学习与高阶思维之间架起桥梁,设计了在线临场感理论框架的实施路径。该流程以在线临场感理论框架为指导,在教育者与学习者之间搭建了三个教学环路,依次解决教育者在教学设计过程中课堂教学与课程设计之间的闭环问题,学习者在社会互动过程中开放沟通与情感认同之间的闭环问题,以及学习者认知加工过程中自我调节与高阶思维之间的闭环问题①。

课堂教学与课程设计的融合环路

该环路以教育者教学经验为核心,它将课程设计、知识管理、课堂教学整合在一起,促进教育者混合教学的实施。教育者利用课堂教学中社会性支持的天然优势,加强对学习者教学临场感的建立,减轻学习者在在线学习过程中的焦虑感。教育者通过观察学习者的视频、资源、测验等任务点的完成情况,掌握学习者学习的即时反馈结果,对学习者在线学习的各项活动进行预设。教育者根据学习者任务点的

_____

① 吴祥恩、陈晓慧:《混合学习视角下在线临场感教学模型研究》,《中国电化教育》2017 年第 8 期。

完成质量，对网络学习空间的教学资源进行完善，对新一轮的课堂教学活动进行准备。

开放沟通与情感认同的融合环路

该环路以学习者学习体验为核心，它将知识管理、开放沟通、情感认同、认知加工整合在一起，构成螺旋上升的环路。学习者根据教育者的教学任务安排，在教学临场感中完成网络学习空间中的视频、资源、测验等任务。学习者在教育者的引导下，在社会临场感和情感临场感的共同作用下，形成学习者共同体，利用开放沟通的环境，对课程学习的难点问题，进行自由表达，并对教育者和同伴的疑问给予及时反馈。学习者对教育者和同伴有效的话题给予有意义的点赞，在情感临场感中形成共同信任的情感认同，开始新一轮的知识学习循环。

自我调节与高阶思维的融合环路

该环路以学习者高阶认知为核心，它将认知加工、自我调节、知识分享与高阶思维整合在一起，通过对问题的反思式解决，培养学习者的高阶思维能力。教育者利用学习临场感为学习者设计各类学习活动，如电子签到、抢答、讨论加分、点赞等，促进学习者对学习行为的自我调节，激发学习者在自我效能方面的努力行为。教育者鼓励并引导学习者分享个人或团队的优秀学习成果，通过"榜样"的树立，促进学习者对"榜样"行为的观摩与模仿，提升他们的知识反思能力。学习者通过对同伴作品进行有意义的点评，以及对同伴的点评给予有价值的反馈，完成作品的观摩、反思、改进，最终形成高阶思维成果①。

在线临场感理论框架教学流程的三个融合环路不仅形成了各自的教学循环，而且是其他相关环路的组成部分，它们彼此之间相辅相成、共同作用，促进了整个教学流程的融会贯通。它改变了课堂教学

---

① 吴祥恩、陈晓慧：《混合学习视角下在线临场感教学模型研究》，《中国电化教育》2017 年第 8 期。

与线上学习之间的弱连接状态，实现了两者之间的最佳复合作用，促进了知识学习与高阶思维能力培养之间的良性循环。在实施过程中这些环路没有主次之别，也没有先后之分，教育者可根据知识类型的不同，对教学活动进行自行调节。如图 3-3 所示。

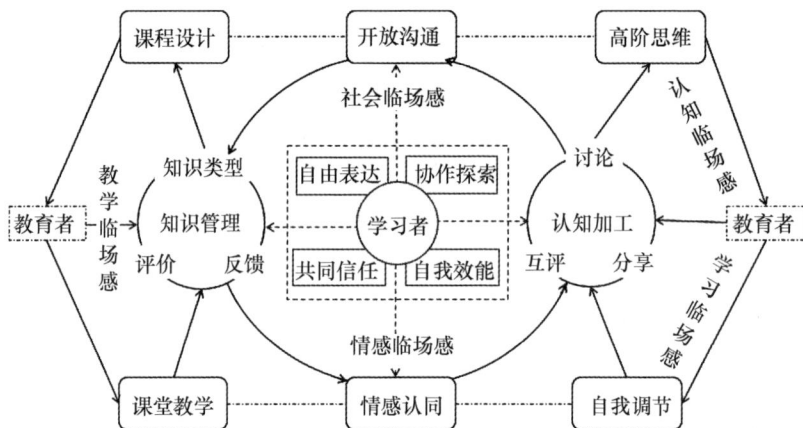

图 3-3　在线临场感理论框架的实施路径

四　理论框架的支架设计

在线临场感理论框架的运行过程并不是一成不变的。在一个教学周期内，各类临场感会呈现出一定程度的变化，在线临场感的实施需要教学支架的支持①。

教学初期

在教学初期学习者会受到学习动机以及先行学习经验的影响，他们对混合式课程的教学方法、组织形式、教学资源、教学评价手段会存在一定程度的不适应。因此，学习者对教学临场感的需求强度最大，对其他临场感形式的需求强度较弱。在这种情况下，教育者可以通过课程任务的设计、学习方法的指导、网络学习规范的建立、课程

---

① 冯晓英、孙雨薇、曹洁婷：《"互联网+"时代的混合式学习：学习理论与教法学基础》，《中国远程教育》2019 年第 2 期。

评价量规的设计、以及错误的诊断及反馈，促进学习者参与对话，创设学习氛围，提升教学临场感强度。教育者需要对学习者在线临场感的感知进行适度地培育和积极性干预，通过教学临场感的教学领导力，对学习者的自我规范以及同伴之间的共同规范给予支持，减少学习者先行的消极经验对线上学习的影响，激发学习者的自我效能感和自我调节能力，让学习者快速适应课程学习的方法。

教学中期

在教学中期学习者已经熟悉课程的学习方法，适应了课程的教学节奏。随着教学进度的推进以及教学内容难度的增大，学习者将要面对以高阶思维为主的学习成果，个体学习已经无法满足他们的需要。为了完成相关的教学任务或作业，他们需要付出更大的努力，彼此间进行频繁的讨论或协作探索，以便解决学习任务中的难点问题，学习者对社会临场感的需求强度逐渐增大。同时，随着学习任务压力的增大，以及作业成绩的反馈，一部分学习者会产生挫败感，他们对情感临场感也具有一定强度的需求。因此，教育者需要根据学习者的状态和表现，及时提供社会临场感支架，总结学生前期的学习表现，为学生的困难和问题提供反馈和支持，对学生学习进行激励，提升学习者自身的学习临场感强度，激发学习者的元认知技能。

教学末期

在教学末期学习者经过对知识的探究与整合后，进入预期学习成果的完成阶段。学习者需要对知识进行创新应用，在实践应用过程中提升自己的批判性思维和创造性思维的能力。由于受到固有知识结构的局限，学习者在知识创新和应用的过程中，迫切希望教育者给予直接指导或提供可以模仿的案例，学习者对认知临场感的需求强度最大。教育者需要为学习者提供高强度的认知临场感支架，支持学习者应用所学知识解决复杂问题，比如，提供案例的观摩、研习、点评，以及学习成果的展示、反思与总结等。为了促进学习者高阶思维的发展，教育者要适当聚焦"促进思维发展的对话"的教学临场感支架，适度降低教学临场感中的"直接指导"支架强度①。

　　需要注意的是，理论框架教学支架的三个阶段并不特指整个课程教学的周期，它同样适用于一个复杂性知识的解决，比如一个章节、一个专题或一次项目学习等。理论框架的教学支架更多是一种教学思想，各类教学临场感的强弱要求并不是一成不变的，在实践过程中教育者需要根据教学活动的开展情况，对其进行动态调整。

---

　　①　冯晓英、孙雨薇、曹洁婷：《"互联网＋"时代的混合式学习：学习理论与教法学基础》，《中国远程教育》2019 年第 2 期。

第四章　在线临场感理论框架的应用

本章通过选取典型案例，使用在线临场感理论框架的实施路径，对在线临场感理论框架进行应用，系统分析在线临场感理论框架的教学成效、学习者的学习过程以及对学习效果的解释力，探究在线临场感理论框架促进学习者深度学习的策略与方法。

第一节　在线临场感理论框架的教学流程

在线临场感理论框架的教学流程是在在线临场感理论框架的指导下，结合课程教学的一般规律，对在线临场感理论框架的实施路径进行进一步优化，提升在线临场感理论框架的可操作性。

一　在线临场感理论应用的案例选取

为了提高在线临场感理论框架应用的覆盖面和代表性，本书从专业分布、课程性质、课程层级、学习者特征四个方面进行了案例选取。

专业分布

案例涵盖了汉语言文学、对外汉语、网络与新媒体专业、教育技术学四个专业。其中，汉语言文学和对外汉语属于文学学科，网络与新媒体属于新闻传播学科，教育技术学属于教育学科。

课程性质

案例涵盖了专业基础课程、专业方向课程和通识教育课程。"数字媒体技术"作为专业基础课程，它是一门技术引领课程，对学习者学习其他课程会产生一定的影响。"现代教育技术应用"作为一门通识教育课程，也是面向全校师范生的公共必修课。"电视节目制作技术"是教育技术学专业的方向课程，也是一门选修课程。对于学习者来说，课程的性质不同，重要性也不同，这可能会影响学习者的学习动机。

课程层级

案例涵盖了国家级、省级、校级三个层级的课程。其中"现代教育技术应用"为国家精品开放课程，省级混合式一流课程。课程建设由五名主讲教师完成，课程负责人完成课程资源的50%，教学资源形式多样，视频资源是由主讲教师在演播室中录制完成。"数字媒体技术"以省级精品开放课程为主体，是国家级线上线下混合式一流课程。课程负责人完成课程资源的70%，视频资源是由主讲教师在演播室中录制完成。"电视教材编导与制作"为校级精品课程，课程负责人制作课程视频资源的30%，其余70%的视频资源由教师收集整理完成。这三门课程代表当前普通高等学校在线开放课程应用的主要形式。

学习者特征

案例参与者涵盖了大学一年级、二年级、三年级的学生。大学一年级学习者的信息素养相对较低，但他们对线上学习具有新鲜感，能较快适应线上学习，并对他们以后的学习产生一定的影响；大学三年级学习者具有较强的信息素养，但他们对大学的课堂教学已经形成了惯性，会受到传统课堂教学以及前期线上学习经验的影响，学习习惯较难改变；大学二年级学习者在信息素养和学习经验方面刚好介于两者之间。对于学习者来说，随着年级的不同，学习者先行经验可能会对在线临场感环境的营造产生影响。

二 传统翻转课堂的教学流程

为了更好地比较在线临场感理论框架的应用效果，本书将在线临场感理论的教学流程跟案例现行的翻转课堂教学流程进行了对比。为了确保案例使用的"翻转课堂"教学模式具有代表性和普遍性。本书采用国际上广泛认可的 Robert Talbert 翻转课堂教学模型作为基础模型①，综合国内在线开放课程翻转课堂教学的相关案例②③，规范了基于在线开放课程的翻转课堂教学流程。该流程将线上学习作为课堂教学的重要补充，将教学活动实施与能力培养作为课堂教学的重要内容，通过个性化的教学设计，满足学生学习多样化的需求，重点解决现行课堂教学的单一性与学生学习多样化需求之间的矛盾问题。该流程整合了课前、课中、课后三个教学环节，以在线开放课程为载体，学习者的学习活动为主线。教育者作为整体学习活动的设计者与引领者，学习者作为整个学习活动的实施主体。课程采取先学习后讲授的教学策略，引导学生开展教学活动。具体教学流程如图 4-1 所示。

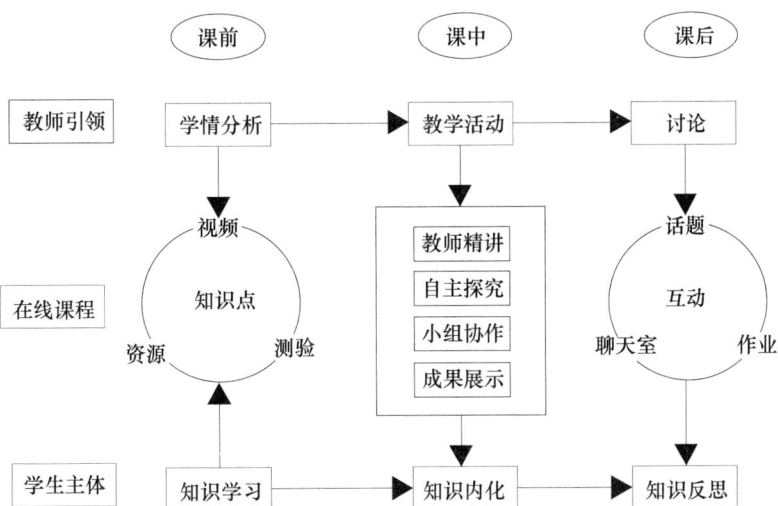

图 4-1 基于在线课程翻转课堂教学流程

---

① Robert Talbert, " Inverting the Linear Algebra Classroom " (http：//prezi. com/ dz0rbkpy6tam/inverting-the- linear -algebraclassroom).

② 郑娅峰、李艳燕、黄志南、蒋梦璐：《基于微课程的高校翻转课堂实践研究》，《现代教育技术》2016 年第 1 期。

③ 谢幼如、倪妙珊、柏晶、张惠颜：《融合翻转课堂与 MOOCs 的高校 MF 教学模式》，《中国电化教育》2015 年第 10 期。

课前阶段

课前阶段用于完成知识的学习，包括学习者观看视频、阅读拓展资源、完成测验等。教育者根据课程教学目标安排，布置学生的学习任务，明确视频观看的时间节点。学习者根据教育者安排的学习要点进行视频学习，在学习过程中学习者根据知识点的掌握情况，在讨论组中即时向教育者或学习者提问，进行互动学习。教育者根据学习者的学习统计结果，与学生进行沟通交流，解答学生的疑难问题，形成课堂教学策略，设计课堂教学活动。

课中阶段

课中阶段用于完成知识的内化，主要包括师生之间、生生之间各类教学活动的实施。教育者根据课程平台的数据统计分析，掌握学习者知识点的学习情况，针对其中的共性问题，以师生互动的形式，通过教育者的精讲，实现知识内容的回顾。然后根据学习者的问题反馈，创设不同的情景策略，以学生组的形式，通过发现问题、自主探究、组内协作、成果展示、生生点评、教师点评等环节，实现知识内化的目标。

课后阶段

课后阶段用于完成知识的反思，主要包括学习者对所学知识以及课堂教学成果的回顾、总结、反思、批判等。由学生或学生组通过课程平台，以笔记等形式对课堂教学内容进行二次总结与反思，并分享给全班同学。

三 在线临场感理论框架的教学流程

在翻转课堂教学流程的基础上，本书结合课前、课中、课后三个环节，对在线临场感理论框架的实施路径进行了调整，设计了在线临场感理论框架的复合教学流程。相对于在线临场感理论框架的实施路径，在线临场感理论框架的复合教学流程更强调教学过程的可操作性。该流程通过使用教学、社会、情感、学习、认知五种临场感形式，将学习者的各个学习环节融合为一个整体，学习者作为教学模式的核心，教育者成为学习者学习过程的帮助者、促进者以

及学习环境的构建者，相比较翻转课堂教学流程，该教学流程主要
改进了如下教学环节，如图4-2所示。

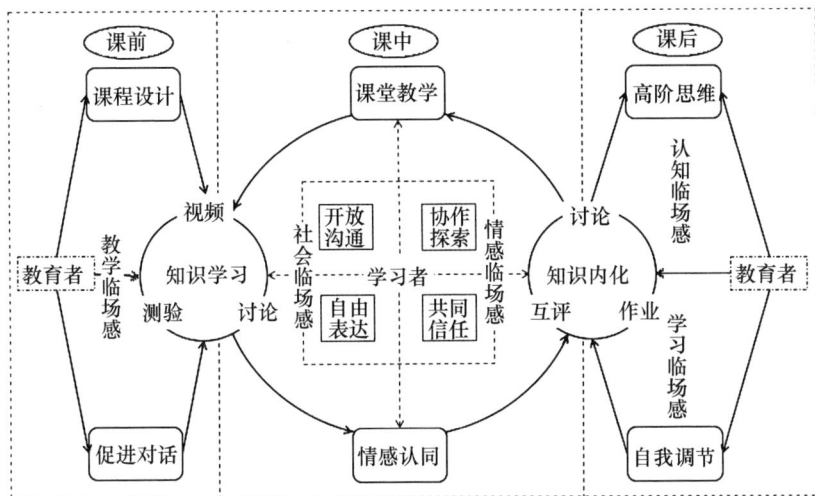

图4-2 在线临场感理论框架的复合教学流程

知识学习流程

翻转课堂教学围绕课上、课中、课后将学习者知识学习流程划分
为知识学习、知识内化、知识反思三个环节，学习者的学习围绕课堂
教学形成单路径循环。复合教学流程则将课程学习调整为知识学习和
知识内化两个环节，将翻转课堂教学中的知识反思环节融入到知识内
化环节中，使学习者在知识内化过程中提升自身的知识反思能力，形
成以学习者为核心的复合路径循环。

学习交互呈现

翻转课堂教学中学习者交互主要在课前和课后环节完成，以课后
讨论为主，它采用异步的话题讨论和同步的聊天室等形式作为作业完
成的辅助手段。复合教学流程则将学习者交互融汇于课前、课中、课
后三个环节中，话题讨论、同步聊天、知识分享、作品点评、同伴互
评是其主要的学习交互手段。

课堂教学融合

翻转课堂教学的课中环节主要采用传统教学手段完成，教育者对学习者课前的学习效果比较依赖，如果学习者的课前学习效果没有达到教育者的预期效果，教学流程可能出现中断，课前教学内容需要在课堂教学中重新实现。在线临场感理论框架的复合教学流程在理论框架实施路径的基础上，将课堂教学纳入教学环节中，课堂教学对在线临场感具有一定的促进作用。在复合教学流程的课中环节，教育者可以采用推送 PPT 课件、测验、抢答、签到等手段，学习者可以实时反馈课堂教学的学习效果。

第二节　网络学习空间在线临场感的测量

网络学习空间在线临场感的测量包括网络学习空间学习者初始能力问卷、在线临场感评价量表，网络学习空间中学习者的学习行为数据观察。本书将网络学习空间学习者初始能力问卷用于在线临场感理论框架应用的前期分析，在线临场感评价量表作为网络学习空间在线临场感测量的主要方法，学习行为数据作为网络学习空间在线临场感测量的辅助方法。

一　网络学习空间学习者初始能力问卷

网络学习空间学习者初始能力调查问卷的编制参考了清华大学于歆杰教授的研究成果，该问卷利用 MOOCs 和 SPOC 等形式，在清华大学、南京大学、贵州理工学院进行了实践应用[1]，本书结合课程性质和学习者特征，对其进行了适当的修改。问卷主要包括四个部分：学习者基本信息、学习动机类型、课程初始能力评价量表、课程前期实施情况。

---

① 于歆杰主编：《以学生为中心的教与学——利用慕课资源实施翻转课堂的实践》，高等教育出版社 2015 年版，第 204—218 页。

学习者基本信息

学习者基本信息包括学习者线上学习的基础情况。比如学习者是否具有正式的网络学习经历，是否对在线课程有了解，是否喜欢跟老师或同学通过探讨的方式进行学习，是否习惯在观看视频的过程中记笔记，以及使用哪些工具观看教学视频等。

学习动机类型

学习动机类型方面包括猎奇、实用、学霸、学渣、从众、自主六种类型。猎奇型的学习者对课程教学模式有兴趣，喜欢教师的教学风格和教学方法。实用型的学习者认为课程学习对未来规划有用，希望课程学有所用。学霸型的学习者对课程学习有进取心，学习目的是为了获得高分。学渣型的学习者对课程学习兴趣不大，学习的目的是为了通过考试。从众型的学习者比较在意同伴的行为，不参与就落后了。自主型的学习者对大学有自己的规划，喜欢做自己喜欢的事情。

课程初始能力评价量表

课程学习初始能力评价量表包括利用互联网收集整合信息的能力，自主学习的能力，接受新事物的能力，公众表达能力（展示自己或者团队作品的能力），自我认知能力（能清楚地认识到目前的学习状况），与他人合作学习的能力，学习成果分享意愿等。

课程前期实施情况

课程前期实施情况包括学生对翻转课堂或混合学习的接受程度，比如学生在翻转课堂或混合学习模式下上课的注意力是否会比传统课堂有所提升，上课的兴趣是否会比传统课堂有所提升，学生是否喜欢观看视频的学习方式，学生一般在课前花多少时间用于本课程的学习，学生是否在课后根据知识掌握的情况利用视频进行再学习，学生每周课外用于在线课程学习的时长，学生在线课程学习时遇到问题的解决方法，以及影响学生课后继续学习在线课程的主要因素等。

二 网络学习空间在线临场感评价量表

在线临场感评价量表改编自 Garrison[1]、Shea[2]、Cleveland-Innes[3] 等人的研究成果，该问卷从教学、社会、情感、学习、认知五种临场感形式对网络学习空间在线临场感进行测量。为了更加清楚地了解网络学习空间在线临场感的实施过程，增强网络学习空间在线临场感的可操作性，本书结合网络学习空间的具体功能，对其进行了适当修改。

教学临场感量表

教学临场感量表包括 10 个选项：教师通过在线课程，清晰传达重要的学习目标；教师提供清晰的解释说明，指导学生如何参加在线课程的学习活动；教师清晰传达重要的起止日期和时间框架，促进学生的学习活动顺利开展；教师通过课程平台的通知、消息和讨论组，清晰传达课程的重要主题内容；教师对课程相关话题观点的正确与否，给予解答和及时反馈；教师在关于引导全班同学理解课程主题内容方面的帮助，在某种程度上也厘清了学生的思维方式；教师帮助并激励学生进行富有成效的对话讨论；教师鼓励学生，通过课程平台积极探究课程教学的新知识；教师的指导增强了学生网络学习社区意识的养成；教师在课程使用方面的帮助辅导，促进了课程进度的整体推进。

社会临场感量表

社会临场感量表包括 5 个选项：课程平台为学生提供足够多地社会性互动的工具；课程平台提供的工具，让学生自由地进行交流；学生能够快捷建立主题帖，这些主题帖能够得到同伴的回答；通过这种

[1] Garrison D. R., Anderson T., Archer W., "Critical Inquiry in a Text-Based Environment: Computer Conferencing in Higher Education", *The Internet and Higher Education*, Vol. 2, No. 2-3, 2000.

[2] Shea P., Hayes S., Smith S. U., et al, "Learning Presence: Additional Research on a New Conceptual Element within the Community of Inquiry (CoI) framework", *Internet and Higher Education*, Vol. 15, No. 2, 2012.

[3] Cleveland-Innes M., Campbell P., "Emotional Presence, Learning, and the Online Learning Environment", *International Review of Research in Open and Distance Learning*, Vol. 13, No. 4, 2012.

与其他参与者的讨论，帮助学生形成一个协作学习的意识；课程讨论信息对学生的学习有帮助，让学生的学习具有一种归属感。

情感临场感量表

情感临场感量表包括 5 个选项：学生对课程讨论的参与过程感觉舒适；学生在线上学习过程中能自在地对其他参与者的观点提出不同的意见，并且这种信任感一直贯穿始终；学生常常对有价值的观点点赞，同时自身的观点也常被同伴点赞；学生认为自身的观点被其他参与者认可；教师对于线上学习采取的一些引导性措施，让学生逐渐认同了本课程的学习方式。

学习临场感量表

学习临场感量表包括 6 个选项：在探究课程的相关问题方面，学生认为自己是积极的；在线上学习过程中学生具有一定的自我约束能力，能较好地进行在线课程的学习；如果没有其他课程压力，学生能管理好本课程线上学习的进程；看到同伴线上学习过程中的积极表现，对自身学习是一个激励；本课程的线上学习让学生形成了自主探究的学习习惯；以后再有类似的课程，学生能够自主完成课程学习。

认识临场感量表

认知临场感量表包括 8 个选项：在线上学习过程中学生会利用多种信息资源，探究平台中提出的各种问题或作业；与同伴之间的头脑风暴以及相关信息的探究，帮助学生解决了课程学习的相关问题；课程平台中的话题及评论帮助学生领会不同的观点；学生能综合利用多种主题信息内容，回答平台中提出的各种问题；同伴作业互评与小组作品点评促进学生对自己现有知识内容的反思；通过对课程通知、消息、讨论等内容的反思，促进了学生对核心概念的理解；学生能够描述课程实践过程中如何运用新知识的基本方法；对课程中相关问题的解答，帮助学生形成解决实际生活中相关问题的方法。

三　网络学习空间中学习者学习行为数据

网络学习空间中学习者学习行为数据是学习者在教学、社会、情感、学习、认知各项临场感活动中的外在表现。

教学临场感学习数据

教学临场感学习数据包括教学内容和教育者教学活动的临场数据。教学内容临场数据包括任务点完成率、观看时长、视频反刍比、阅读时长等数据。教育者教学活动临场数据包括教育者的发帖数、教育者回复学习者的话题数，学习者回复教育者的话题数等数据。

社会临场感学习数据

社会临场感学习数据包括学习者与同伴之间的交流数据，学习者对同伴话题的阅读数、学习者在问题提出方面的建帖数，以及学习者在问题解答过程中的回帖数等。

情感临场感学习数据

情感临场感学习数据包括学习者与同伴之间的点赞数据，使用网络用语、表情符号、语音表达等情感化表达手段的话题数，遇到问题时的焦虑和问题解决后的喜悦等话题数。

学习临场感学习数据

学习临场感学习数据包括学习者在电子签到、抢答等方面的参与数、学习者对话题的当日回复情况、学习者作业截止日期前 48 小时的完成数、学习者在非上课时段的访问情况等。

认知临场感学习数据

认知临场感学习数据包括学习者同伴互评过程中批语的质量及字数、学习者项目成果的成绩、在案例研习中的反思性话题数量、对同伴作品点评的反思性话题数量、学习者个人或团队分享的数据等。

第三节　在线临场感理论框架的教学成效分析*

一　研究目的

在线临场感理论框架的教学成效分析是在宏观层面对在线临场感

---

　　* 本节原载吴祥恩、陈晓慧《混合学习视角下在线临场感教学模型研究》，《中国电化教育》2017 年第 8 期，笔者收录时有修改。

理论框架进行应用，系统分析学习者在在线临场感理论框架的应用过程中教学任务完成、学习过程参与、情感认同、自我调节、学习成绩、高阶思维等方面的差异性。重点解决如下问题：1. 在线临场感如何减轻学习者在线学习过程中的焦虑感和孤独感？2. 在线临场感如何增强学习者的高阶思维能力？

二　研究设计

案例

"电视节目制作技术"课程作为在线临场感理论框架教学成效分析的应用案例。该课程坚持理论与实践并重，注重学习者实践创新能力的培养，学习者高阶思维能力的发展是课程教学的重要目标。课程共包括12个专题，在网络学习空间中以章节专题的形式呈现教学内容，教学内容框架包括学习目标、微课视频、教学课件、拓展资源、单元测验、在线考试等模块。依据在线临场感理论框架及其复合教学流程，课程使用"知识讲解""案例点评""知识内化""作品拍摄""知识反思"等教学活动，本书选择"摄像景别"专题进行内容描述。

1. 知识讲解

"知识讲解"以教学临场感和社会临场感的实现为主。教育者将案例的核心知识点制作成教学视频，放置到课程平台中，利用在线课程APP平台为学生提供了清晰的学习任务单，并使用课程"通知"发给学生，让学生了解本专题的学习目标、主要内容、需要完成的任务点、讨论中要解决的知识点框架以及习题测验等。

2. 案例点评

"案例点评"以社会临场感和认知临场感的实现为主。教育者在课程平台中分享摄像景别的"优秀案例"，将其作为学习的任务点。教育者开启视频弹幕功能，允许学习者在视频学习过程中对视频发表自己的想法。并要求学习者在讨论区中围绕知识内容的主要观点，提出问题，原则上学习者的问题和答案描述不能重复出现。

3. 知识内化

"知识内化"是在课堂教学中完成，以教学临场感的实现为主。教育者在课前使用课程平台，对学习者视频弹幕中的话题、讨论中的问题、测验的反馈进行汇总，形成课堂教学的基本内容。在课堂教学过程中，教育者对学习者的一些知识性错误，以"直接教学"的形式，进行精讲。

4. 作品拍摄

"作品拍摄"由学习者在课后完成，以社会临场感、情感临场感、学习临场感、认知临场感的实现为主。学习者以学习小组的形式，对电视教材微节目进行脚本设计，学习者在课程平台讨论区中分享自己的微剧情脚本。在同伴对其进行点评后，脚本设计者给予有针对性的回复，学习者被点赞的话题和精华话题将被教育者给予额外加分。教育者进行最后总结，并布置课后讨论任务和作业安排。学习者根据教育者的任务安排，完成作品拍摄。

5. 知识反思

"知识反思"由学习者在课后完成，以社会临场感、情感临场感、学习临场感、认知临场感的实现为主。学习者将学习成果以作业的形式上传到平台中，作业包括作品成果和作品阐述两部分，采用同伴互评的形式，进行匿名评审。教育者制定评审标准，学习者依据教师的评审标准，进行打分并给予相应的批语，教育者将优秀学生的作品分享到平台讨论区中，供全体学习者观摩点评。

参与者

课程参与者是教学计划安排的大学二年级的 76 名本科生。初始能力调查结果显示：参与者男女比例为 1：3，文理科知识背景各占 50%，他们具有良好的互联网技术应用能力和信息素养，能够独立完成线上学习。参与者具有一定的网络学习经历，学习过 2 门视频和测验为主的完全在线课程以及线下教学为主的混合课程，他们能够熟练地使用 PC 或 APP 平台完成视频学习、建帖、回帖，测验以及在线考试等教学任务。参与者没有参加过以合作学习为主的在线课程，他们对线上讨论的参与度较低，没有参与过同伴互评活动。参与者普遍接受教育者主导的面授教学，对于缺少教育者参与的线上教学形式认同感较差。这些先行经验表明参与者对网络学习空间的应用没有技术障碍，但他们的线上学习停留在低阶认知阶段。

研究方法

本书使用问卷调查法和访谈法对学习者进行前测和后测。前测使用学习者初始能力问卷进行调查，调查结果及学习者的阶段性学业表现作为参与者实验分组的重要依据。后测使用网络学习空间在线临场感评价量表进行测量，调查结果用于分析在线临场感理论框架的教学成效。两个班级由同一位教师执教，在教学内容、教学评价手段、教师参与度等方面完全相同。

实施过程

实施过程包括两个阶段：第一阶段（1—6周）为前测阶段，课程采用翻转课堂教学，即学习者在课下观看视频学习，教育者在课上进行精讲，重点解决疑难问题。在前测阶段结束后，对学习者进行课程期中在线测试，并使用学习者初始能力问卷进行调查。第二阶段（7—18周）为后测阶段，课程采用分班教学，两个班学习者的初始能力及学习数据基本相同。实验班使用在线临场感理论框架开展复合式教学，对照班继续采用翻转课堂教学，两个班级均不对学习者的线上学习采取任何强制干预措施。

数据收集

本书使用学习平台收集了学习者在线临场感环境中的过程性和总结性数据。教学任务完成方面主要收集了任务点总量、任务点通过率、任务点完成率、视频反刍比等数据，学习过程参与方面主要收集了总访问数、日均次数、教学当日访问率、总讨论数、建帖比例、回帖比例等数据，情感认同与自我调节方面主要收集了话语点赞、电子抢答、课程访问频次、作业完成时间等数据，学业成绩方面主要收集了单元测验、期中在线考试、期末在线考试、期末笔试等数据①，高阶思维方面主要收集了学习成果的评定成绩。

三　研究结果及讨论

在课程教学结束后，本书从教学任务完成、学习过程参与、情感认同与自我调节、学业成绩与高阶思维、临场感满意度五个方面，对在线临场感理论框架的应用效果进行了比较。

教学任务完成

教学任务完成是评估教学临场感效果的重要依据，主要指课程教学中任务点的完成情况。在教学任务完成"量"的方面，两个班级的学习者对教学临场感感知情况基本相同，均较好地完成了教学任务。在教学任务完成"质"的方面，两个班级对教学临场感感知具有明显的差异性。在视频反刍比方面，实验班明显高于对照班，平均观看时长也多于对照班。视频反刍比能够呈现学习者对视频重复学习的情况，视频反刍比越高，表示学生对视频的学习越投入。如表4-1所示。研究结果表明，在线临场感理论框架能够增强实验班学习者的教学临场感效果，他们更愿意接受教育者对在线课程的设计、管理与实施，并结合知识点的掌握情况，对视频进行重复观看。而对照班中多数学习者并没有对视频进行重复观看，他们更在意教学任务能否快速完成，而不是视频课程传达的知识内容本身。

表4-1　　　　　　　　　　教学任务完成分析

类型	描述	实验班	对照班
任务点总量	全部视频、测验、作业	147个	147个
任务点通过率	前期培育在线学习习惯	90%	90%
	后期便于自主选择学习	50%	50%

① 吴祥恩、陈晓慧：《混合学习视角下在线临场感教学模型研究》，《中国电化教育》2017年第8期。

续表

类型	描述	实验班	对照班
任务点完成率	所有视频的平均完成率	98.9%	97.1%
	所有测验的完成均值	100%	100%
	所有作业的完成均值	100%	95.6%
视频反刍比	所有视频重复观看率	145.16%	116.89%
	所有学生平均观看时长	837 分钟	614 分钟

学习过程参与

学习过程参与是评估社会临场感应用效果的重要依据，主要指课程教学过程中访问和讨论等方面的情况。在课程访问方面，实验班的总访问数和生均访问数均高于平行班，实验班的教学当日访问率明显低于平行班。教学当日访问率是指学习者在教学当日的访问频次占整体访问频次的比例，教学当日访问率越低表示学习者在其他时间访问课程的次数越多。在讨论方面，实验班学习者的活跃程度明显强于平行班，他们的讨论多集中在学生自主建帖，而平行班多集中在对教育者的回帖。如表 4－2 所示。研究结果表明，实验班的学习者具有较强的社会临场感，他们能够主动建构并分享知识，并且形成良好的学习习惯。而平行班的学习者社会临场感较弱，他们在教学当日外较少访问网络学习空间，更多是被动地接受学习。

情感认同与自我调节

情感认同与自我调节是评估情感临场感和学习临场感应用效果的重要依据。研究结果显示，在话语点赞、打赏、电子抢答等情感化表达手段的运用上，实验班均高于对照班，实验班学习者对课程学习具有一定的情感认同，具有较强的情感临场感。此外，在课程访问频次方面，前期实验班和对照班曲线趋近相同，中期实验班呈上升趋势，对照班呈现下降趋势，课程结束时曲线再次趋近。在期末复习期间，曲线走势再次出现差异，从整体上看实验班以课堂教学为轴线逐渐呈现 V 字形，而对照班逐渐接近于 U 字形，这表示实验班的学习者具有比较好的课前和课后学习习惯，而对照班的多数学习者主要集中在课堂教学当日的学习，如图 4 - 3 所示。

表 4 - 2 　　　　　　　　　　　学习过程参与度分析

类型	描述	实验班	平行班
访问次数	总访问数	11882 次	7047 次
	生均次数	3.69 次	2.02 次
	教学当日访问率	43.9%	53.5%
讨论数	总讨论数	1798 个	841 个
	建帖比例	82.3%	39.4%
	回帖比例	17.7%	60.6%

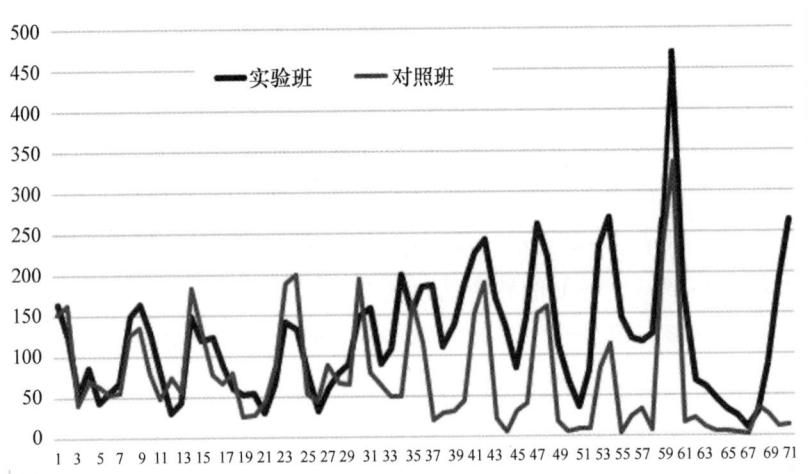

图 4 - 3 　访问频次分析

研究进一步统计了实验班与对照班三日内的作业完成率，研究结果显示，随着教学进程的推进，实验班学习者多数在课后主动完成作业，在作业截止日期前 48 小时，他们已经提交了作业。而对照班学习者更倾向于在作业时间截止前完成作业，他们多数需要在作业截止前的 48 小时，经平台系统督学提醒后才能提交作业。如图 4 - 4 所示。

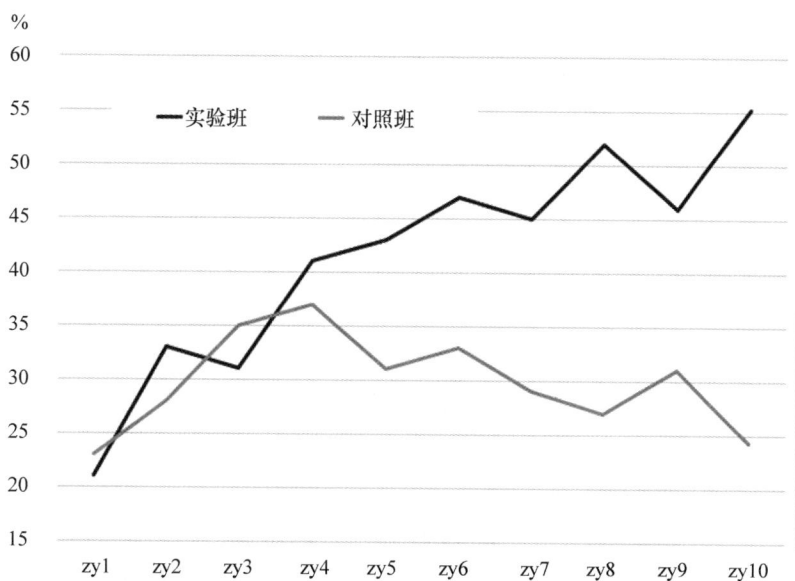

图 4 - 4　作业完成率分析

　　研究结果表明：实验班的学习者具有更强的情感临场感和学习临场感，他们对学习具有一定的自我调节能力，能够对学习过程进行自我管理并为之努力。在课程学习的初期，两个班的学习者对线上学习均具有新鲜感，他们愿意接受现有的教学模式。随着线上教学的新鲜感逐渐消退，线上学习的孤独感和焦虑感出现，实验班的学习者由于具有较强的学习临场感，他们对线上学习的认知具有较强的自我调节能力，即使在期末复习阶段实验班的学生也能主动登录平台进行复习。反之，对照班的学生更多地是延续前期模式，随着教学的推进，课程教学逐渐以回归课堂教学为主，多数学习者将线上教学作为课堂教学的辅助手段，学习处于一种被动的状态，在期末复习阶段，多数学习者没有选择登录平台对课程内容进行巩固和提高。

学业成绩与高阶思维

　　学业成绩与高阶思维用于评估认知临场感的感知效果。在学业成绩对比方面，在分班考试时实验班的平均成绩是 74.1 分，对照班的平均成绩是 74.2 分，两个班级的成绩和比例分布基本相同。在随后的各项测验考试中，单元测验实验班是 86.8 分，对照班是 82.6 分；期末线上测试实验班是 71.6 分，对照班是 65.0 分；课程期末笔试实验班是 82.6 分，对照班是 77.9 分。实验班的各项测试成绩逐渐高于对照班，如图 4-5 所示。

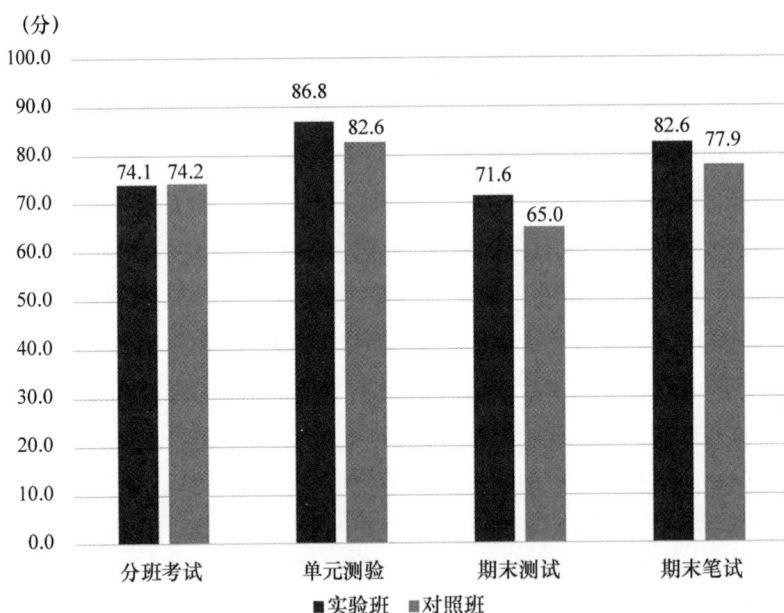

图 4-5 学业成绩对比分析

　　在学业成绩比例方面，实验班各项测试的高中低分段保持稳定，这表示实验班的学习者学习呈现了连贯性，课程的教、学、评的一致性比较好。而对照班的学习者在各项测试中的比例浮动比较大，同分班考试相比，对照班的单元测验和期末线上测试高分段学习者数量逐渐减少，低分段学习者数量逐渐增多，期末笔试的高分段学习者又增长至分班时的程度，期末线上测试和笔试的低分段学习者数量仍然比例较高，没有变化。从整体上看，实验班中高分数段占最大比重，对照班中低分数段占最大比重。如图 4-6 所示。

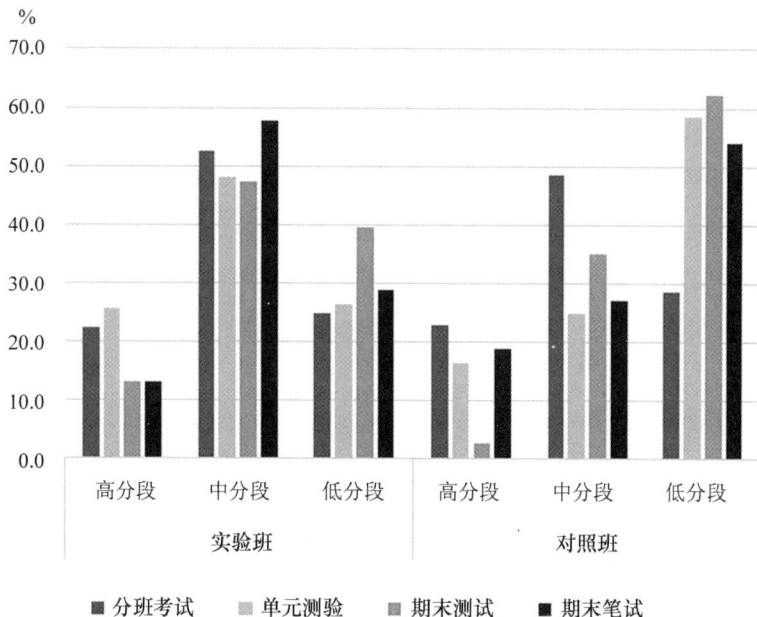

图 4 - 6　学业成绩比例分析

　　研究结果表明：随着在线临场感理论框架的应用，实验班的学习者具有较强的认知临场感，他们能够获得比较好的学习体验，学习成果也表现出较强的创新能力和批判思维能力。对照班的学习者对学习缺少归属感，他们更在乎学习结果，其成绩起伏性比较大，一些学习者在期末笔试中通过突击式复习、死记硬背等方法，获得了比较高的成绩，但是这部分学习者的作品并没有展示出相应的高阶思维能力。对照班依然存在传统课程教学中"两头紧、中间松"的现象，没有从根本上解决课程教学的高阶性问题。

临场感满意度

　　临场感满意度用于评估学习者在线临场感的感知效果[①]，它使用

---

　　① 吴祥恩、陈晓慧：《混合学习视角下在线临场感教学模型研究》，《中国电化教育》2017 年第 8 期。

在线临场感评价量表进行测量。两个班级的学习者对于教学临场感的满意度均值比较接近，实验班为4.26，对照班为4.18。但对照班在社会临场感、情感临场感、学习临场感、认知临场感等方面的满意度均值与实验班存在较大差距，如图4-7所示。这一研究结果同学习者在线临场感行为数据的分析结果相似，表明在线临场感理论框架能够提升学习者的在线临场感。

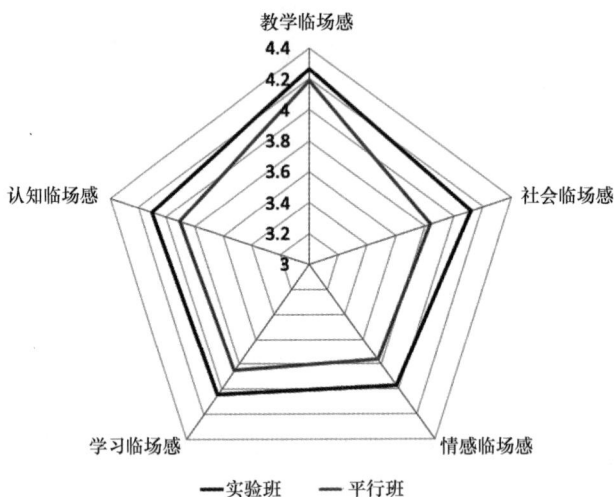

图4-7　临场感满意度分析

四　研究结论

在线临场感理论框架取得了相应的教学成效

实验班和对照班的学习者在教学成效方面具有较大差异性。实验班的学习者在教学任务完成、情感认同与自我调节、学业成绩与高阶思维、学习满意度等方面的表现均强于对照班。这可能因为对照班的学习者具有比较强的课堂教学思维惯性，没有形成线上学习的习惯，学习者的思维没有与线上教学同步，他们的学习节奏还是以课堂教学为轴线运转。学习者在学习过程中对教育者比较依赖，他们相信教育者的权威，对同伴学习缺少情感认同，在实践过程中他们习惯于直接向教师提问，而对于同伴的回答却缺少给予相应的反馈，随着教学活动的持续推进，学习者线上学习的兴趣逐渐减弱。

在线临场感理论框架能够减轻学习者的焦虑感和孤独感

实验班学习者的在线学习过程具有比较强的连续性。在线临场感理论框架通过教学、社会、情感、学习、认知五种临场感形式的综合运用，聚焦于学习者的学习过程，有效提升了混合学习的教学效果。情感化因素的运用有效地减轻了学习者在线学习过程中的焦虑感和孤独感，情感临场感作为社会临场感和学习临场感的粘合剂，通过情感化的表达手段促进了学习者之间的互动交流，增强了学习者在认知加工过程中的能力，激发了学习者自我效能方面的努力行为，有效地解决了学习者线上学习过程中社会性属性缺失的问题。

在线临场感能够增强学习者的高阶思维能力

实验班学习者具有更强的高阶思维能力。学习临场感作为在线临场感的调节器，它能够反映学习者学习过程中的即时数据，帮助教育者制定在线临场感的策略方法，规范学习者线上学习过程中的学习行为，学习临场感的建立，对学习者高阶思维能力的发展具有较强的促进作用。由此可见，在线临场感理论框架可以作为一种教学方法，促进学习者进行深度学习，实现知识掌握与高阶能力培养之间的有效衔接。

第四节　网络学习空间在线临场感的社会网络分析*

一　研究目的

在线临场感理论框架的教学成效分析结果表明：在线临场感理论

---

* 本节原载李文、吴祥恩、王以宁、陈晓慧《MOOCs 学习空间中在线临场感的社会网络分析》，《远程教育杂志》2018 年第 2 期，笔者收录时有修改。

框架能够减轻学习者线上学习过程中的焦虑感和孤独感，促进学习者的深度学习。在线临场感理论框架及其教学流程为混合教学提供了一个概念框架及实施路径，它可以作为混合学习的教学方法论，指导教育者开展混合学习实践。但学习者对在线临场感的感知主要通过评价量表获得，在实践过程中，教育者很难结合学习者在网络学习空间中的表现，判断学习者对在线临场感的感知情况，教育者对在线临场感理论框架的应用依然会存在困惑。

因此，本书在在线临场感理论框架的教学成效宏观分析的基础上，使用社会网络分析法，从学习者的互动关系入手，在微观层面上探析学习者的学习过程，深入挖掘学习者互动交流过程中存在的一些隐藏数据。通过学习者之间的社群关系、网络密度、学习者个体接近中心度，判定学习者在社会网络中的位置与参与度，比较核心参与者与边缘参与者的过程性表现，分析学习者对各类临场感的差异性表现，探究在线临场感的形成过程。重点研究解决如下问题：1. 网络学习空间中在线临场感网络结构如何变化？2. 在线临场感环境中学习者社会性学习能否自主实现？3. 网络学习空间中学习者各类临场感表现是否具有差异性？

二 研究设计

案例

本书选用"现代教育技术应用"作为网络学习空间在线临场感社会网络分析的应用案例。该课程共包括 15 个专题，本书选取其中的"多媒体课件交互技术"专题进行内容描述。该专题以程序性知识为主，共包括三个阶段：第一阶段是学习者获得程序性知识，将多媒体课件交互设计原理融入多媒体课件结构中；第二阶段为程序验证与变式练习阶段，学习者在教育者演示以及提供的教学材料的指导下，进行交互效果验证，并以此为基础，对课件交互技术进行实践操作；第三阶段为多媒体课件交互设计阶段，学习者在程序性知识的学习过程中提炼出交互技术的一般流程，并对多媒体课件作品进行交互设计，解决"怎么办"的问题。考虑到当前混合学习的实际情况，本书根据在线临场感理论框架及其教学流程，将该专题的三个阶段具体细化为"案例研读""技术讲解""实践操作""交互设计""作品分享"五种教学活动。

1. 案例研读

"案例研读"以教学临场感为主。学习者通过观看教育者制作的多媒体课件交互案例视频课程，了解什么是交互、交互的基本原理、交互种类，交互技术的实现方法等基础理论。

2. 技术讲解

"技术讲解"以教学临场感为主。教育者利用交互技术的视频课程，向学习者讲解交互技术的实现过程，重点阐述学习者在实践操作过程中可能遇到的一些问题。

3. 实践操作

"实践操作"以社会临场感和学习临场感为主。学习者利用课程资料中的案例素材，按照视频课程演示的操作步骤，对其进行验证性操作，检验交互技术的实现效果。如果学习者在操作过程中遇到问题，可在互动平台讨论区提出问题，并要求学习者同伴回答提出的问题。

4. 交互设计

"交互设计"以教学临场感为主。教育者以学生小组的形式开展教学，对学习者讨论过程中遇到的问题进行汇总精讲，并在此基础上，对交互技术进行拓展练习，完成多媒体课件交互技术的制作。

5. 作品分享

"作品分享"以认知临场感、社会临场感、情感临场感为主。学习者通过录制微课视频，对已经完成的多媒体课件交互技术进行示范讲解，包括交互作品演示和交互技术讲解。学习者在规定时间内将这些作品分享到课程讨论区中，供同伴进行视频弹幕、点评、讨论与赏析。

参与者

参与者是教学计划安排的大学三年级 39 名本科生，初始能力调查结果显示：参与者具有一定的网络学习经历，他们能熟练使用 PC 或 APP 平台完成视频学习、建帖、回帖，测验以及在线考试等教学任务，他们具有较强的信息素养；但他们对大学课堂的学习认知已经形成了思维惯性，他们更愿意接受教育者主导的面授教学。这些先行经验表明：虽然参与者能够熟练使用网络学习空间进行线上学习，但他们对缺少教育者参与的线上教学认同感较差，这可能对本课程的学习产生一定的影响。

研究方法

本书主要使用社会网络分析法，社会网络分析法用于分析学习者社会网络的社群关系、网络密度、学习者个体接近中心度等。社会网络分析法主要通过个体和网络两个层面对研究对象进行分析。在个体层面，通过由个体交互构成的社会网络，呈现个体的行为、感知与价值，分析个体与网络之间的逻辑关系。中心度是个体相对于网络中心的位置，用于衡量个体是否处于网络的中心，个体的中心度越高，越接近于网络的中心位置，个体对网络中其他个体的贡献越大。在网络层面，通过网络密度与中心势，呈现网络的整体概况。网络密度是网络中实际拥有的连线数与最大连线数之比，网络密度越大，网络中节点的连线越多，网络中各节点之间的联系越紧密。网络中心势是用于表征网络总体的紧凑程度，它反映网络对特定节点进行组织的程度，中心势越大，网络看起来越紧凑。

实施过程

根据参与者的初始能力以及教学任务安排，实施过程包括培育、干预、自主三个过程[①]。

培育阶段为1—6周。本阶段教育者向学习者呈现合作学习的重要性以及合作学习对教学评价的影响。讨论话题的提出由教育者发起，学习者对教育者的话题进行回复，教育者对学习者的回复给予即时反馈，同时教育者积极鼓励学习者在学习过程中提出问题并回复同伴话题。

干预阶段为7—12周。本阶段教育者引导学习者进行合作学习，教育者对学习者的话题进行积极性干预，对学习内容的进度、模式、方法进行调控，对学习者的话题数量和质量进行监控。本阶段教育者负责话题框架结构的搭建，教育者要求学习者提出话题，教育者和学

---

① 李文、吴祥恩、王以宁、陈晓慧：《MOOCs学习空间中在线临场感的社会网络分析》，《远程教育杂志》2018年第2期。

习者共同完成话题回复。

自主阶段为 13—18 周。本阶段教育者对话题框架进行引导，话题框架的搭建和回复由学习者自主完成，教育者监控学习者的话语质量并对学习者话题内容进行针对性地指导。

数据收集

本书使用"现代教育技术应用"课程网络学习空间中异步讨论的相关数据，这些数据涵盖了课程教学的大部分知识点，代表了学习者社会学习的相关过程。为了确保数据的准确性，在数据收集时对数据的数量和质量进行了筛选，在数量方面筛除与知识点关联较差以及时间节点不符的数据；在质量方面筛除跟课程教学活动没有联系的数据。

数据编码采用社会网络分析中的 1 模矩阵和 2 模矩阵，矩阵由研究者手动进行编码，输入到 Excel 中。1 模矩阵主要用于描述学习者不同阶段临场感的变化关系，它由培育、干预、自主三个阶段矩阵组成，矩阵数据包括在线临场感中学习者建帖、回复、点赞、打赏、点评、反思、即时回复等行为。

2 模矩阵描述学习者与临场感事件之间的存在关系，它由研究者对各项临场感进行单独编码。其中教学临场感使用学习者与教育者之间的交流数据，特指学习者与教育者在话题讨论过程中发帖和回复的数量；社会临场感使用学习者与同伴之间的交流数据，特指学习者与学习者之间围绕任务点进行问题提出和解答时的发帖和回复数量；情感临场感使用学习者与同伴之间的点赞、情感化表达等数据，特指学习者对同伴话题给予的点赞以及遇到问题时的焦虑和问题解决后的喜悦等话题；学习临场感使用学习者即时回复的反馈数据，特指学习者对话题的当日回复情况；认知临场感使用学习者对同伴话题进行的反思、点评等数据，特指学习者在知识分享或同伴互评过程中对同伴作品进行的发帖和回复的数量[①]。

---

① 李文、吴祥恩、王以宁、陈晓慧：《MOOCs 学习空间中在线临场感的社会网络分析》，《远程教育杂志》2018 年第 2 期。

三 研究结果及讨论

在线临场感社会网络的整体结构

网络整体结构包括网络密度和网络关系。网络密度描述节点之间的链接级别，网络密度值越大，网络中行动者之间的联系越紧密，网络对行动者行为产生的影响就越大。网络关系是社会网络分析的核心，它描述网络中行动者的关系以及这些关系的集合。

1. 网络密度

本书选用 Ucinet6.0 软件，使用 1 模矩阵中培育、干预、自主三个阶段社会网络数据，分析了不同阶段在线临场感网络的密度。第 6 周，培育阶段结束，网络关系节点数是 215 个，网络密度值为 0.04，网络中只有少数学习者之间产生了次数不等的交互，网络连接相对松散。第 12 周，干预阶段结束，网络关系节点数新增至 708 个，网络密度值为 0.12，网络中大部分学习者之间产生了交互行为，网络连接相对紧密；第 18 周，自主阶段结束，网络关系节点数新增至 1266 个，网络密度值为 0.25，网络中绝大多数学习者之间都产生了交互行为，网络连接比较紧密，如表 4 - 3 所示。研究结果表明，在培育、干预、自主三个阶段中网络连接数量的增速明显，随着线上学习活动的持续推进，学习者们的信息交换开始频繁，网络密度持续增高，自主阶段的网络密度大于培育和干预两个阶段之和，学习者的在线临场感网络已经形成。

表 4 - 3 　　　　　　　　　不同阶段网络密度统计

阶段	网络密度	关系节点
培育	0.04	215
干预	0.12	708
自主	0.25	1266

2. 网络关系

本书选用 NetMiner 4.0 软件，使用 2 模矩阵中各项临场感数据，对学习者的社会网络结构进行了可视化处理。在社群图中圆圈表示学习者的个体，标签表示学习者姓名的缩写，箭头表示学习者之间的存在关系，顶点间的连线表示学习者之间的交互行为[①]，如图 4 - 8 所示。研究结果表明，课程结束后所有学习者均能与同伴产生频度不等的联系，在社群网络中学习者圆圈的大小和位置呈不规则的分布，网络学习空间中学习者对各项临场感的感知具有一定的差异性，圆圈面积较大的学习者与同伴之间互动比较紧密，圆圈面积较小的学习者与同伴之间的联系较少。

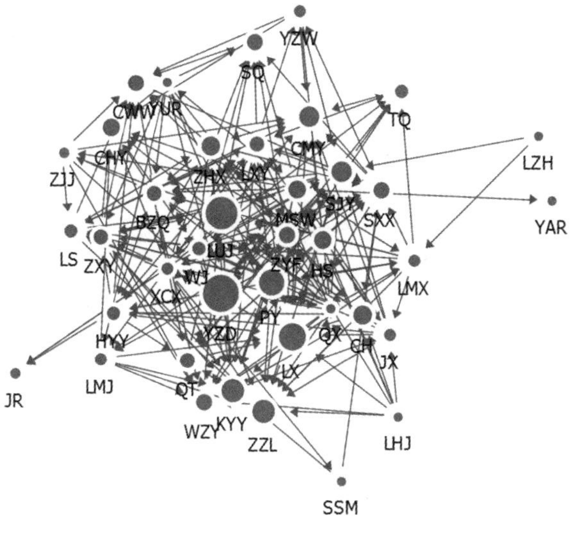

图 4 - 8　学习者社会网络关系

学习者的社群中心度分析

社会网络社群中心度包括点度中心度、接近中心度以及中介中心

[①] 李文、吴祥恩、王以宁、陈晓慧：《MOOCs 学习空间中在线临场感的社会网络分析》，《远程教育杂志》2018 年第 2 期。

度。相对于点度中心度和中介中心度来说，接近中心度更能反映一个行动者与网络中其他行动者的接近程度，它更易辨别网络社群中核心学习者的比例关系[①]，本书使用接近中心度揭示三个阶段中学习者社群中心度的变化情况。

1. 培育阶段

培育阶段发生在教学初期，学习者对教学临场感的需求强度比较大，多数话题由教育者预置发起，学习者主动提出的话题较少，多数学习者对教育者提出的话题给予了积极回复，但对同伴的话题较少关注，一些学习者提出的话题甚至完全没有得到同伴的响应。接近中心度社群图显示：在网络学习空间中核心学习者较少，边缘学习者较多，学习者整体呈向网络中心聚拢的趋势。如图4-9所示。

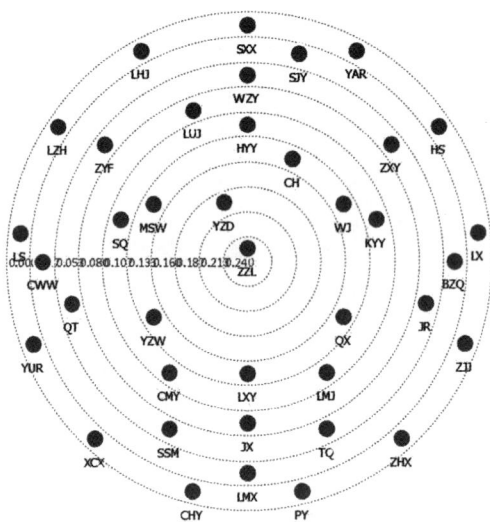

图4-9 培育阶段学习者接近中心度

① ［美］约翰·斯科特：《社会网络分析法》，刘军译，重庆大学出版社2007年版，第71页。

此阶段核心学习者偏少可能是因为学习者们均处于同一起点，他们的知识和能力差异性不大，针对课程的教学内容，他们普遍缺少对话题的提炼、总结、反思等能力。边缘学习者偏多是因为学习者的先行经验对学习产生了消极影响，多数学习者仍处于传统课堂教学的思维惯性中，他们信赖教育者发布的权威信息，对同伴的话题和回复的内容缺少足够地信任。同时，一些学习者延续了过往线上学习的做法，他们为了快速地完成相关的任务点，通过复制同伴的成果，回复教育者的话题。他们并没有真正理解教育者提出的反思性话题，也就不具备发现问题以及解决同伴问题的能力。

2. 干预阶段

本阶段处于教学中期，教育者根据课程教学的安排，为学习者布置了预期学习成果。同时，教育者对学习者采取了一定的干预措施，教育者利用"教学通知"向学习者阐明任务点中需要解决的难点问题。教育者要求学习者每完成一个任务点就必须提出一个问题并解答同伴的两个问题，教育者会在第一时间内对学习者提出或回复的高质量话题给予点赞或直接给分。在教育者的干预下，学习者提出的话题逐步增多，学习者在社会网络中形成了一定的临场意识。接近中心度社群图显示：本阶段的核心学习者比例明显提升，多数学习者已经初步具备了网络学习空间中合作学习的能力。如图 4 - 10 所示。

本阶段核心学习者增多主要包括两个方面的原因：一是主观方面，随着预期学习成果的布置，学习者对课程学习有了更高层面的要求，他们希望能够快速完成高质量的学习成果。学习者需要解决成果制作过程中的问题，他们迫切希望获得教育者或同伴的帮助。二是客观方面，教育者的干预措施促使边缘学习者参与到话题讨论中，在教育者的激励下知识储备较多的学习者开始更多地参与到核心学习者的话题讨论中，他们逐渐成为了网络学习空间中的核心学习者。在这些核心学习者的带动下，学习者之间的群体生态互动初具规模，他们开始出现点赞等行为，表情符号、语音、网络用语等情感化表达手段越来越多地应用到学习者的话题讨论之中。

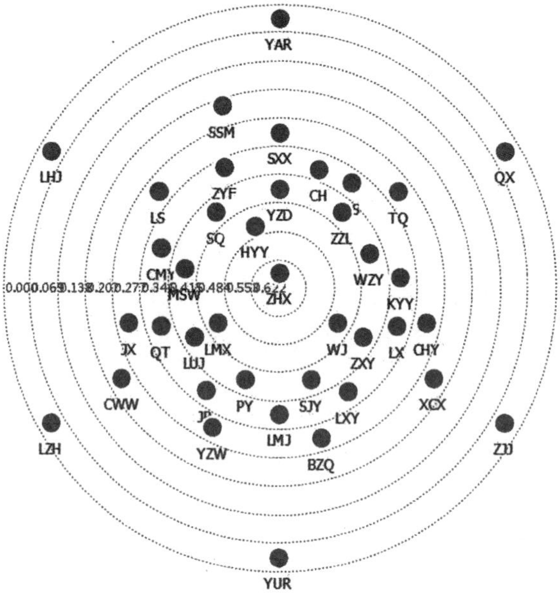

图4-10 干预阶段学习者接近中心度

3. 自主阶段

本阶段处于教学末期，学习者需要对知识进行创新应用，以便完成预期学习成果的反思和制作。在这一阶段，教育者专注于知识讨论框架的构建与学习者讨论生态的维护，教育者不再对学习者的话题数量进行强制干预，也不再对学习者的话题进行积极性回复。接近中心度社群图显示：大部分学习者聚合于社会网络的中心区域，他们与同伴之间产生了比较紧密的联系。学习者在讨论区中自由建帖和回帖，他们频繁地在话题讨论中晒出自己的作品与观点并积极响应同伴的点评，他们在同伴互动过程中得到了满足感和获得感，他们成为网络学习空间中的核心学习者。另有极少数学习者游离于群体生态之外，他们成为网络学习空间中的边缘学习者，如图4-11所示。

本阶段教育者通过作品展示、同伴互评等活动增强了学习者的学习粘性，使合作学习成为学习者的一种习惯。学习者自发的讨论越来越多，话题数量的增速开始加快，学习者之间形成了规模化的小组社群。大多数核心学习者的高阶思维能力已经初步形成，他们能够运用现有的知识解决同伴的问题，并在同伴回复中获取新的知识。极少数的边缘学习者由于学习动机和分享意识的差异，他们作为后发者并没有选择从其他角度提出或回复话题，而是直接利用同伴的讨论成果完成学习，他们成为网络学习空间中的"潜水者"也是"受益者"。

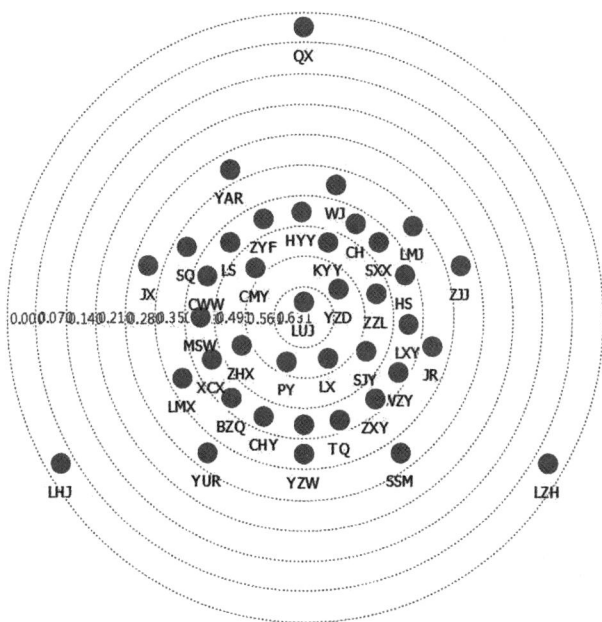

图 4 – 11 自主阶段学习者接近中心度

学习者的个体中心度分析

个体中心度描述了社会网络中核心参与者的基本信息，它通过出度值和入度值解释网络成员间的交互信息。出度值表示该行动者在网络中接触别人的能力，出度值越高，表示该行动者的主动性越高；入度值表示其他行动者搜寻该行动者建立连结的范围，入度值越高，表示该行动者对他人的影响力越强①。在培育阶段结束后，本书根据学习者出度值和入度值的表现，确定话题总量排名前8的学习者为核心参与者，排名后8名的学习者为边缘参与者，通过对学习者在不同阶段中入度值和出度值的比较，分析学习者在学习过程中在线临场感的变化情况，如表4-4所示。

表4-4　　　　　　　　　　学习者不同阶段个体中心度

类型	编码	培育阶段（第6周）			干预阶段（第12周）			自主阶段（第18周）		
		入度	出度	排名	入度	出度	排名	入度	出度	排名
核心参与者	ZZL	4	16	1	2	36	4	3	36	11
	YZD	7	6	2	10	34	2	43	67	1
	CH	4	8	3	2	17	19	7	37	10
	LHJ	4	7	4	1	23	10	22	59	2
	HYY	3	7	5	1	20	14	5	28	17
	ZYF	4	5	6	1	19	14	5	43	7
	SXX	4	4	7	2	18	14	24	51	3
	ZHX	6	4	8	9	77	1	6	41	8
边缘参与者	JX	1	1	26	0	20	14	0	20	30
	JR	1	1	26	2	17	19	0	15	34
	LMX	0	1	31	6	35	3	6	32	12
	LX	1	0	31	10	19	7	2	48	6
	WZY	0	1	31	2	17	19	0	37	13
	LC	1	0	31	3	10	30	3	24	21
	QX	1	0	31	2	11	30	3	7	36
	LHJ	0	1	31	2	6	36	1	4	37

---

① 梁云真、赵呈领、阮玉娇等：《网络学习空间中交互行为的实证研究——基于社会网络分析的视角》，中国电化教育2016年第7期。

第 6 周结束后 ZZL、YZD、CH、LHJ、HYY、ZYF、SXX、ZHX 8 名学习者是社会网络中前 8 个重要节点，他们在社会网络中处于中心地位，与同伴之间的亲密程度较高，具有较强的临场感意识。第 12 周结束后 CH、LHJ、HYY、ZYF、SXX 5 名学习者没有进入前 8 个重要节点，排名分别为 19 名、10 名、14 名、14 名、14 名，但他们仍处于社会网络的中心区域。第 18 周课程结束后，ZYF 返回到重要节点的第 7 名，SXX 返回到第 3 名，前期 8 名核心学习者中有 YZD、LHJ、ZYF、SXX、ZHX 等 5 名学习者仍处于社会网络前 8 的重要节点位置。在所有的学习者中 YZD 从第 6 周开始一直是社会网络中最受欢迎的学习者，他在本学期总共发布了 167 条话题，接收到同伴有价值的话题 107 条。在 8 名边缘学习者中，LMX 和 LX 最先由边缘学习者转变为了核心学习者，从第 12 周开始他们一直居于社会网络的中心位置。

在第 18 周结束后，对 YZD、CH、LMX、LX、SXX 等 5 名同学进行了小组访谈。YZD 是从第 6 周开始一直作为核心学习者，课程结束后他的个体中心度排名最高，该同学具有非常强的自我效能感，他不仅在本课程中表现出色，在其他课程中也同样出色，属于内在动机类型。在访谈过程中 YZD 认为"在课堂教学中我不大好意思向同伴展示想法，但在网络学习中我可以很自在地表达，更能得到老师和同伴的肯定"。

CH 是第 6 周后 8 名核心学习者中排名下降最多的学习者，他的排名为 19，在课程结束后他的个体中心度排名为 10，但这个排名仍处于社会网络的中心位置。在访谈过程中发现 CH 属于成就动机类型，他认为"随着学习不断推进，我虽然在意老师和同伴的看法，但更在意自己的获得感，我会把最有价值的成果进行分享，而不是追求讨论的数量"。

LMX 和 LX 在第 12 周成为核心学习者，LMX 排名为 3，LX 排名为 7，在课程结束后，LMX 排名为 12，LX 排名为 6。在访谈过程中发现他们属于外在动机类型，他们认为"在学习初期我们感觉一些问题及答案没有太大价值，参与讨论有些浪费时间，后来大家都在积极参与，我也跟着加入进来，当我看到同伴的回复时，觉得挺有成就感的"。

SXX 在第 6 周后成为核心学习者，排名为 7，12 周后排名为 14，第 18 周后排名为 3。在访谈过程中发现他属于社会动机类型，他表示"通过前期的学习发现，这门课程难度不大，考虑到其他课程学习的压力，不想在这门课程耗费太多时间，慢慢发现自己在各项活动中落后了，就按照老师的要求，努力学习了一下"。

研究结果表明，网络学习空间中核心学习者具有较强的临场感意识，他们在学习知识的同时，更在意同伴的评价，他们的学习粘性较强，这也使得他们对周边的学习者具有一定吸附性。核心学习者学习过程具有一定的不可逆性，边缘学习者一旦成为核心学习者将很难被再次边缘化，虽然他们的排名会有变化，但他们会一直处于社会网络的核心区域，他们会积极地参与到其他学习者的各项活动中，积极完成相关学习任务。

临场感的中心度分析

临场感中心度描述了学习者与在线临场感事件之间的逻辑关系，它能够呈现各类单项临场感在社会网络的中心位置。在课程结束后，利用社会网络 2 模矩阵，对在线临场感的中心度进行了分析。中心度社群图结果显示：TP（教学临场感）作为教育者的临场感，它是各项临场感中最容易被学习者感知到的，它作为一种低阶的认知形式，其位置处于网络的边缘；EP（情感临场感）、LP（学习临场感）、SP（社会临场感）三种临场感是学习者在进行合作交流过程中被学习者感知的，他们作为中阶的认知形式，其位置接近网络的中心；CP（认知临场感）是高阶的认知形式，它是各项临场感中最不容易被学习者感知的，它是学习者在进行点评、反思、分享等行为过程中获得的，其位置最接近网络的中心，如图 4-12 所示。

研究结果表明：在网络学习空间中各类临场感表现具有明显的差异性，其中高阶的认知临场感位于学习者社群网络的中心，这表明学习者对在线临场感的获得并不取决于临场感感知的难易程度，在教学临场感、社会临场感、情感临场感、学习临场感的共同作用下，学习者能够获得高阶的认知临场感。认知临场感的形成增强了学习者的反思能力和高参与度。同时，学习者的高参与度又进一步促进了学习者对其他临场感形式的感知。

教学临场感处于学习者社群网络的边缘位置，这并不表示教学临场感不重要，而是因为在高强度教学临场感的支持下，教学临场感能够促进社会临场感、情感临场感和学习临场感，最终转换为学习者的认知临场感。由此可见，高水平认知临场感的建立是网络学习空间中在线临场感环境构建的关键，它能够实现学习者的个体学习与同伴互助的社会学习之间的有效衔接，有利于学习者社会性学习的自主实现。

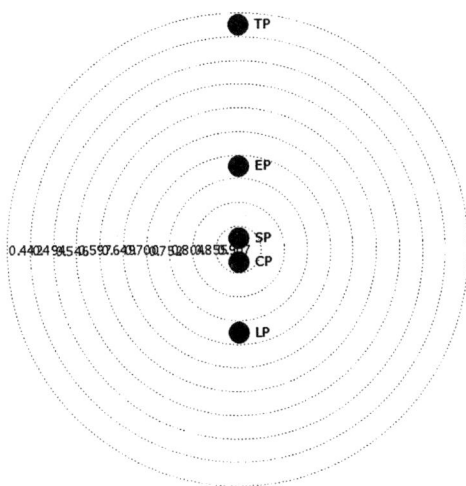

图 4 - 12　各项临场感的网络中心度

四　研究结论

在线临场感理论框架能够促进核心学习者的产生

在课程教学初期，大部分学习者延续过往的线上学习模式，他们并没有积极参与到话题讨论中，而是急于在"数据显示"上完成任务点，他们并没有对教学互动过程中的任务点进行理解与应用。随着教学进程的推进，那些在网络学习空间中具备良性线上学习体验的学习者，在新的学习周期中具有更强的自我效能感和自我调节能力，他们比其他学习者更容易成为核心学习者；而那些具有糟糕线上学习体验的学习者，在新的学习周期中更多地处于一种观望或被动接受的状态，他们更依赖于教育者的教学活动安排。在在线临场感理论框架的支持下，这些先行经验差的学习者在线上学习过程中并不是一成不变的，他们的学习动机会随着教师的教学投入以及对课程预期学习成果的认可进行转变，在教育者的教学干预和学习成果的引领下，一部分边缘学习者会在核心学习者的带动下转变为核心学习者，并且在后续的学习过程中持续表现活跃。

在线临场感理论框架能够促进学习者的社会化学习

在网络学习空间中学习者的学习过程是由学习社区外围向中心逐渐靠拢的过程，学习者在由社区外围向中心的交互过程中能够展示出他们日益增长的能力，逐步实现个体的学习目标。同教育者一样，在网络学习空间中核心学习者具有较强的中心地位，他们对周边的同伴具有一定吸附性。越接近网络中心位置的学习者临场感越强，越能得到同伴的认同，学习者之间的交互行为越容易产生，社会学习效果越显著。因此，在在线临场感理论框架的支持下，网络学习空间学习者自主完成社会化学习具有一定的可能性。教育者需要充分利用社会临场感的开放沟通、情感临场感的同伴信任、学习临场感的自我效能，促进学习者社会化学习的自主实现。

网络学习空间中学习者能获得高水平的认知临场感

认知临场感是评估学习者批判性思维的有效手段，只有学习者在一起合作学习时，推理、观察、连接、验证和组织等高阶认知能力才能够产生更好的结果[1]。网络学习空间中认知临场感是在教学临场感、社会临场感、情感临场感、学习临场感共同作用下实现的。学习者在教学临场感中完成课程内容的学习，在社会临场感中分享了个人或小组的学习

---

① Gutiérrezsantiuste E., Rodríguezsabiote C., Gallegoarrufat M., "Cognitive Presence through Social and Teaching Presence in Communities of Inquiry: A Correlational - Predictive Study", *Australasian Journal of Educational Technology*, No. 3, 2015.

成果，在情感临场感中营造共同信任的学习情境，在学习临场感中建立自我效能和自我调节的认知策略，最终实现了由低阶学习向高阶认知的过度。同时，高强度的认知临场感也会增强学习者的参与度和学习粘性，进一步促进学习者对社会临场感、情感临场感和学习临场感的感知。

因此，教育者应充分利用在线临场感调动学习者的合作与分享意识，实现学习者对知识内涵的深层理解，促进学习者对知识反思的意义建构，采用协作推进、个体反思、成果分享、同伴互评等手段，实现学习者由知识学习向能力培养的转变。在在线临场感理论框架的支持下，网络学习空间学习者能够形成面向高阶思维的临场感形式，他们能够在低阶教学临场感的基础上逐步形成高阶的认知临场感。高阶的认知临场感更能增强核心学习者的学习粘性和强势地位，他们对边缘学习者具有一定地吸附性，有助于边缘学习者向核心学习者的快速转变。

第五节　在线临场感对学习效果的影响[*]

一　研究目的

网络学习空间在线临场感的社会网络分析表明：在线临场感能促进学习者的社会学习以及高阶的认知临场感。由于学习者的学习动机以及自身能力等方面的差异，网络学习空间中学习者的投入过程也会伴随着大量的无效行为。如网络学习空间中的"钻空子""分心""脱离任务目标""偷懒作弊"等行为，学习者的有效投入行为以及高阶思维投入存在不足[①]，这使得教育者和学习者对网络学习空间中在线临场感环境中投入行为的学习效果产生了困惑。

---

[*] 本节原载吴祥恩、王小旭、王佳《智慧学习环境中临场投入对学习成效的影响——兼论自我调节的中介作用》，《沈阳师范大学学报（自然科学版）》2020 年第 1 期，笔者收录时有修改。

① 龚朝花、李倩、龚勇：《智慧学习环境中的学习投入问题研究》，《电化教育研究》2018 年第 6 期。

学习效果是学习者对学习过程与学习结果的反馈，它包括主观学习效果和客观学习效果[①]。主观学习效果是学习者根据学习目标的达成情况对学习活动进行的自我评价，它通常以满意度进行测量，满意度是学习者对学习体验的期望效果与实际感知效果比较后形成的主观心理状态[②]。客观学习效果是教育者或同伴对学习活动及成果给予的客观评价，学习成绩是客观学习效果的呈现方式。

对于教育者来说，他们利用在线临场感理论框架进行了大量的教学投入，激励学习者的广泛参与，提升他们在各项临场感中的有效行为，尤其是批判性思维等方面的高阶认知水平。他们的教学高投入能否转换为相应的教学效果，提升学习者对课程教学的满意度？对于学习者来说，他们在在线临场感环境中投入大量的学习行为，这些行为投入能否转化为相应的学习成绩？

在现行教育管理模式下教育者重视主观学习效果，他们期望学习者进行更多的学习投入，让学习者在学习过程的获得感中提升对学习结果的满意度；学习者重视客观学习效果，他们期望投入相对较少的学习行为，赢得他人（教育者和同伴）给予更高的学习成绩。

由于教育者与学习者对学习投入关注点的差异，主观学习效果（满意度）与客观学习效果（学习成绩）之间缺少统一性，他们会呈现显著相关[③]或无显著相关[④]等研究结果。为了更好地分析网络学习空间中在线临场感理论框架的有效性，促进学习投入的有效行为以及高阶思维投入的发生，减少学习者在网络学习空间中无效的学习行为，促进主观学习效果与客观学习效果的统一，研究提出如下假设：

[①] Moon-Heum Choa, Yanghee Kimb, DongHo Choia, "The Effect of Self-Regulated Learning on College Students' Perceptions of Community of Inquiry and Affective Outcomes in Online Learning", *The Internet and Higher Education*, Vol. 34, 2017.

[②] 蒋志辉、赵呈领、李红霞、梁云真、黄琰：《在线开放课程学习者满意度研究：发展、影响因素与提升路向》，《现代远距离教育》2017 年第 3 期。

[③] 胡勇：《在线学习过程中的社会临场感与不同网络学习效果之间的关系初探》，《电化教育研究》2013 年第 3 期。

[④] 马志强、苏珊、张彤彤：《基于学习投入理论的网络学习行为模型研究——以"网络教学平台设计与开发"课程为例》，《现代教育技术》2017 年第 1 期。

H1：在在线临场感理论框架支持下主观学习效果与客观学习效果呈显著的正相关

H2：临场投入能预测主观学习效果

H3：临场投入能预测客观学习效果

二 研究设计

参与者

参与者共120人，文科生和理科生的比例接近1：1，这些参与者普遍具有一年以上的线上学习经历。他们均为00后，具有较强的信息技术基础和能力，具备了一定的自主学习能力。研究使用在线临场感理论框架教学流程对相关案例开展课程教学，在课程结束后，在网络学习空间中对参与者进行1对1问卷发放，共回收问卷119份，回收率为99%。为了保证问卷数据的有效性，研究删除答案完全相同、填写时间小于2分钟、答案与学习数据结果完全相反的问卷，最后，形成有效问卷114份，问卷有效率为96%。

测量工具

1. 在线临场感测量

在线临场感测量采用网络学习空间在线临场感评价量表，该量表具有较好的信度和效度，为了便于学习者对量表的理解，对其进行了适当修改。量表包括教学投入、社会投入、情感投入、学习投入、认知投入五个维度，每个维度包括5个题目，共计25个题目。量表采用李克特5级量表，从1—5分别表示非常不同意、不同意、一般、同意、非常同意。参与者得分越高，表示临场投入程度越高，该量表内部一致性系数（Cronbach's α）为0.90。

2. 主观学习效果测量

主观学习效果测量采用于歆杰编制的评价量表①，该量表长期用

① 于歆杰主编：《以学生为中心的教与学——利用慕课资源实施翻转课堂的实践》，高等教育出版社2015年版，第204—218页。

于评价混合学习的效果，量表包括学习方式、学习过程、学习结果、应用能力、持续使用意愿、获得感六个选项，共计 6 个题目。量表采用李克特 5 级量表，从 1—5 分别表示非常不满意、不满意、一般、满意、非常满意。参与者得分越高，表示主观学习效果越高，该量表内部一致性系数（Cronbach's α）为 0.87。

3. 客观学习效果测量

客观学习效果采用学习者线上学习活动的学习成果进行测量。这些活动包括单元测验、作业、学习报告、期中测试、期末测试等。根据课程教学大纲要求，各项活动权重比例如下：单元测验占 10%、作业占 15%、学习报告占 20%、期中测试占 25%、期末测试占 30%，客观学习效果评估详细情况见表 4-5 所示。

表 4-5　　　　　　　　　　客观学习效果测量指标与权重

指标	权重（%）	等级测量
单元测验	10	9 个单元测验，自主完成，取平均分，百分制。
作业	15	6 个作业，同伴互评，取平均分，百分制。
学习报告	20	5 个学习报告，教师评阅，取平均分，百分制。
期中测试	25	50 道客观题，定时完成，系统批阅，百分制。
期末测试	30	100 道客观题，定时完成，系统批阅，百分制。

实施过程

根据齐默曼的自我调节学习模型，实施过程包括计划、执行、反思三个阶段[①]。

1. 计划阶段。教育者使用学习任务单，呈现资源学习计划，明确学习目标的定位和学习任务的价值。学习任务单采用知识地图的形式向学习者提供知识导航、学习路径及活动形式。具体内容包括：任

---

① 邓国民、韩锡斌、杨娟：《基于 OERs 的自我调节学习行为对学习成效的影响》，《电化教育研究》2016 年第 3 期。

务价值、学习目标、待完成任务点、需解决问题、话题要点、讨论方法、成果呈现形式及评价方法。

2. 执行阶段。教育者使用教学通知，推送学习任务单，预设话题讨论框架，对边缘学习者进行督学提醒，提示学习成果的实现过程与方法。在任务点完成初期，教育者使用闯关发放模式推送教学内容，培养学习者线上学习的习惯；在任务点完成中期，教育者关闭已经完成的任务点，提升学习者的自我管理能力；在任务点完成后期，教育者开放所有任务点，强化学习者的自主学习能力。

3. 反思阶段。教育者利用学习数据监控学习结果反馈，优化教学策略。学习者利用学习数据进行自我评价，了解自身在群体中的位置，掌握同伴学习动态，调整学习策略。

数据分析

本书使用SPSS 25 软件对数据进行多元回归（multiple regression）分析。多元回归是利用线性关系，使用多个自变量（解释变量）来预测或解释一个因变量，其中，预测采用步进回归（stepwise regression），解释采用输入回归（simultaneous regression）。本书采用步进回归，分析临场投入对学习效果的直接影响，验证临场投入对学习效果的预测效果。

三　研究结果及讨论

共同方法偏差分析

共同方法偏差（common method biases）是由于同样的数据来源或评分者、同样的测量环境、项目语境以及项目本身特征所造成预测变量与效标变量之间的人为共变①。共同方法偏差检验可以降低参与者的一致性动机、内隐理论、社会称许性与宽大效应，提高测量的准确性②。本书中大部分数据均来自被试的自我评价，被试的测量环境和

---

① 周浩、龙立荣：《共同方法偏差的统计检验与控制方法》，《心理科学进展》2004年第6期。
② 蒋志辉、赵呈领、李红霞、黄琰、疏凤芳：《在线学习者满意度：教师支持行为与自我调节学习能力的同频共振》，《开放教育研究》2018年第4期。

项目语境相似，这可能导致共同方法偏差。在问卷设计过程中研究采用指导语、匿名调查、题项正反向设计等措施，进行程序控制，减少共同方法偏差[①]。在数据回收后，研究使用哈曼（Harman）单因素检验法进行分析。结果显示，特征值 >1 的因子共有 10 个，第一个因子解释变异量为 32.1%，低于 40% 的临界值，这表示研究不存在明显的共同方法偏差。

主观学习效果与客观学习效果的关系

积差相关分析结果显示：临场投入、主观学习效果、客观学习效果的相关系数 r 介于 0.51 与 0.67 之间，达显著（$p < 0.01$），临场投入、主观学习效果、客观学习效果之间存在不同程度相关，临场投入、主观学习效果、客观学习效果等变量的均值、标准差及相关系数，如表 4 - 6 所示。根据邱皓政的相关系数强度与意义标准[②]，本书中临场投入、主观学习效果、客观学习效果的相关系数属于中高度相关。根据郑昊敏等人的效应量标准[③]，相关系数可以反映影响效果（effect size）的大小，直接被视为一种效应量，临场投入、主观学习

表 4 - 6　　　　　　　　　　各变量描述性统计与相关系数

	M	SD	1	2	3
1. 临场投入	92.79	10.99	1		
2. 主观学习效果	22.83	3.18	.59***	1	
3. 客观学习效果	66.50	7.66	.67***	.51**	1

注：$^*p < 0.05$，$^{**}p < 0.01$，$^{***}p < 0.001$。

---

① 黄晓婷、吴方文、宋映泉：《农村寄宿制学校同伴侵害对内化行为的影响：一个有调节的中介模型》，《华东师范大学学报（教育科学版）》2017 年第 1 期。

② 邱皓政：《量化研究与统计分析——SPSS（PASW）数据分析范例解析》，重庆大学出版社 2013 年版。

③ 郑昊敏、温忠麟、吴艳：《心理学常用效应量的选用与分析》，《心理科学进展》2011 年第 12 期。

效果、客观学习效果的相关系数属于高效应量。研究结果表明，主观学习效果与客观学习效果的相关系数属于中度相关和高效应量，临场投入、主观学习效果、客观学习效果之间呈显著的正相关（r > 0.5，p < 0.01），故研究假设 1 成立，可进一步作回归分析。

在线临场感对主观学习效果的影响

临场投入对学习效果的直接影响，采用步进多元回归方法，即最有解释力变量最早进入方程式，每加入一个变量形成一个模型，无解释力的变量不能进入方程式。多元回归结果显示（见表 4 - 7），认知投入、情感投入与教学投入先后进入了方程式，社会投入和情感投入没有进入方程式，三个模型的 F 和 ΔF 都达显著，解释力具有统计学上的意义。

表 4 - 7 　　　　　　　　　 主观学习效果多元回归模型摘要

模型	R	R^2	F（df）	更改统计量	
				ΔR^2	ΔF（df）
1	.594[a]	.352	60.940（1, 112）***	.352	60.940（1, 112）***
2	.650[b]	.422	40.558（2, 111）***	.070	13.418（1, 111）***
3	.678[c]	.460	31.210（3, 110）***	.038	7.653（1, 110）**

多元回归系数

模型	非标准化系数		标准化系数	t	共线性统计量	
	B	标准误差	β		容差	VIF
3（常量）	3.223	2.142		1.504		
认知投入	.396	.114	.318	3.469**	.585	1.711
情感投入	.374	.106	.306	3.544**	.659	1.518
教学投入	.267	.097	.218	2.766**	.793	1.261

a. 预测变量：（常量），认知投入。b. 预测变量：（常量），认知投入，情感投入。

c. 预测变量：（常量），认知投入，情感投入，教学投入。d. 因变量：主观学习效果

注：* p < 0.05. ** p < 0.01. *** p < 0.001.

模型 1 由常量与认知投入组成（$F_{(1,112)}=60.940$，$p<0.001$，$R^2=0.352$），认知投入最先进入方程式，它解释主观学习效果的 35.2%（$\Delta F_{(1,112)}=60.940$，$p<0.001$）。

模型 2 由常量、认知投入，情感投入组成（$F_{(2,111)}=40.558$，$p<0.001$，$R^2=0.422$），认知投入和情感投入共解释主观学习效果的 42.2%，在情感投入加入方程式后增加了 7% 的解释力（$\Delta F_{(1,111)}=13.418$，$p<0.001$，$\Delta R^2=0.070$）。

模型 3 是由常量、认知投入、情感投入与教学投入组成（$F_{(3,110)}=31.210$，$p<0.001$，$R^2=0.460$），认知投入、情感投入与教学投入共解释主观学习效果的 46%，教学投入进入方程式后，增加了 3.8% 的解释力（$\Delta F_{(1,110)}=7.653$，$p<0.01$，$\Delta R^2=0.38$）。

在模型 3 中三条斜率容差介于 0.585—0.793 之间，符合大于 0.1 的标准，VIF 介于 1.261—1.711 之间，符合小于 10 的标准，共线性问题并不严重。标准化系数 $\beta_{认知投入}=0.318$（$t=3.469$，$p<0.01$），$\beta_{情感投入}=0.306$（$t=3.544$，$p<0.01$），$\beta_{教学投入}=0.218$（$t=2.766$，$p<0.01$），均 >0 且达显著。结果表明，认知投入、情感投入、教学投入对主观学习效果影响为正向，认知投入对主观学习效果的解释力最大，依次是情感投入和教学投入。最后，依据未标准化与标准化系数，写出预测方程式，研究假设 2 成立。

主观学习效果 $= 3.223 + 0.396 \times$ 认知投入 $+ 0.374 \times$ 教学投入 $+ 0.267 \times$ 学习投入

在线临场感对客观学习效果的影响

多元回归结果显示（见表 4 – 8），社会投入、认知投入、学习投入依次进入了方程式，教学投入和情感投入没有进入方程式。三个模型的 F 和 ΔF 都达显著，解释力具有统计学上的意义。

模型 1 由常量与社会投入组成（$F_{(1,112)}=81.067$，$p<0.001$，$R^2=0.420$），社会投入最先进入方程式，它解释客观学习效果的 42.0%（$\Delta F_{(1,112)}=81.067$，$p<0.001$）。

表 4 - 8 客观学习效果的多元回归模型摘要

模型	R	R^2	F（df）	更改统计量	
				ΔR^2	ΔF（df）
1	.648[a]	.420	81.067（1, 112）***	.420	81.067（1, 112）***
2	.673[b]	.452	45.844（2, 111）***	.032	6.581（1, 111）*
3	.688[c]	.473	32.909（3, 110）***	.021	4.307（1, 110）*

多元回归系数

模型	非标准化系数		标准化系数	t	共线性统计量	
	B	标准误差	β		容差	VIF
3（常量）	18.031	5.575		3.234		
社会投入	1.365	.277	.451	4.932***	.572	1.747
认知投入	.668	.289	.187	2.312*	.734	1.362
学习投入	.634	.305	.178	2.075*	.654	1.528

a. 预测变量：（常量），社会投入。b. 预测变量：（常量），社会投入，认知投入。
c. 预测变量：（常量），社会投入，认知投入，学习投入。因变量：客观学习效果
注：* p < 0.05. ** p < 0.01. *** p < 0.001.

模型 2 由常量、社会投入、认知投入组成（$F_{(2,111)}$ = 45.844，$p < 0.001$，$R^2 = 0.452$），在认知投入加入方程式后，增加了 3.2% 的解释力（$\Delta F_{(1,111)}$ = 6.581，$p < 0.05$，$\Delta R^2 = 0.032$）。

模型 3 由常量、社会投入、认知投入与学习投入组成（$F_{(3,110)}$ = 32.909，$p < 0.001$，$R^2 = 0.473$），在学习投入加入方程式后，增加了 2.1% 的解释力（$\Delta F_{(1,110)}$ = 4.307，$p < 0.05$，$\Delta R^2 = 0.021$）。

在模型 3 中斜率容差介于 0.572—0.734 之间，VIF 介于 1.362—1.747 之间，共线性符合标准，标准化系数 β社会投入 = 0.451（t = 4.932，p < 0.001），β认知投入 = 0.187（t = 2.312，p < 0.05），β学习投入 = 0.178（t = 2.075，p < 0.05），均 > 0 且达显著。结果表明，社会投入、认知投入、学习投入对客观学习效果影响为正向，社会投入解释力最大，认知投入次之，学习投入最小。研究假设 3 成立，客观学习效果的预测方程式如下。

客观学习效果 = 18.031 + 1.365 × 社会投入 + 0.668 × 认知投入 + 0.634 × 学习投入

四 研究结论

认知、情感、教学投入能预测主观学习效果

认知投入对主观学习效果解释力最高为 35.2%，情感投入在认知投入的基础上增加了 7% 的解释力，教学投入在情感投入的基础上增加了 3.8% 的解释力。认知投入能够发挥榜样的示范作用，将新意义融入到现有的知识结构中，形成对线上学习的持续使用意愿。情感投入能够释放高认知负荷过程中学习者累积的消极情绪，提升线上学习的体验。教学投入对学习者的自我调节能力具有直接促进作用，它能帮助学习者明确学习任务的价值和学习效果的期望水平，增强他们学习的主动性和自主性，提升他们对学习结果的满足感。

社会、认知、学习投入能预测客观学习效果

社会投入对客观学习效果解释力最高为 42.0%，认知投入在社会投入的基础上增加了 3.2% 的解释力，学习投入在认知投入的基础上增加了 2.1% 的解释力。社会投入能够激发学习者的自我反思，围绕知识点的线性讨论话题形成课程学习电子档案袋，学习者在话题讨论过程中的社会投入越多，越能对课程知识点进行全面精准地掌握。认知投入体现了学习者协作反思过程中意义建构与理解的程度，学习者利用清晰的讨论主题和难点问题，完成个体映射空间与社会表达之间的转换，他们只有在对知识掌握后，才能将群体知识建构成具有现实意义的观点。学习投入能够增强学习者的自我管理能力，在学习投入的支持下同伴的学习行为以及学习成果是学习动力的来源，学习者只有在对同伴的学习成果精确掌握后，才能明确自身与同伴的差距，在后续学习过程中保持自律、专注、努力、坚持等行为。

主观学习效果与客观学习效果能够达成统一

学习者主观学习效果与客观学习效果之间呈显著的正相关，这表示学习者主观学习效果与客观学习效果之间能够达成统一。认知投入

对主观学习效果和客观学习效果均具有直接影响，认知投入代表学习者的高阶思维水平，在认知投入过程中学习者需要对知识进行合作式参与与沉浸性思考，完成对知识的反思、批判、应用与创造。学习者在对知识精准掌握后，能够更好地进行批判性反思，这有助于提升客观学习效果。学习者在对知识形成创新性思维后，能够更好地将知识应用到现实生活中，形成获得感和满足感，这有助于提升主观学习效果。认知投入是主观学习效果和客观学习效果达成统一的关键，它能促进学习者的知识习得向成果应用的转变过程，学习者的认知投入程度越高，主客观学习效果越容易达到统一，学习投入行为越有效。同样，网络学习空间中高水平认知投入并不会自动产生，它需要教学、社会、情感、学习等临场投入的共同作用，教学投入为学习者提供了知识来源和教学活动安排，社会投入为学习者提供了同伴互助的学习支架，情感临场感为学习者提供了共同信任的氛围，学习投入为学习者提供了学习方法与策略的制定依据，它们共同促进学习者的高阶思维发展。

第五章　混合学习的教学法

本章通过对在线临场感理论框架应用效果的归纳，将在线临场感理论框架作为混合式学习的一种新型教学法。这里所谓的新是混合学习教学法在定位上的转变，传统混合学习更关注技术实现和规模效应，新型的混合学习更关注课程教学的高质量发展。

第一节　混合学习的前期准备

课程教学的高质量发展需要混合学习从根本上改变教与学的结构和途径，如果教育者只是使用网络来增强知识信息的传播形式，而没有从根本上改变学生的学习方式以及教学评价等方面，那么混合学习的效果可能跟传统教学之间没有本质差别。混合学习的实施首要任务是对课程目标、教学资源、教学活动、学习方式、教学评价等方面进行再设计。

一　课程目标

课程目标是课程教学实现的意图。它规定了课程教学的某一教育阶段结束后，对学生期望的实现程度，是确定课程内容、教学方法和教学评价的基础。根据教育部《关于一流本科课程的实施意见》，传统的知识本位教学观已经向能力本位和素质本位的教学观进行转变。新时代高等教育的课程目标应坚持知识、能力、素质的有机融合，注重提升课程的高阶性、突出课程的创新性、增加课程的挑战度，契合学生解决复杂问题习惯的养成。课程目标既是课程教学的起点，也是混合学习教学法的逻辑起点。从实践视角来看，在线临场感理论框架的教学、社会、认知三个维度能够支持课程知识、能力、素质三维目标的实现。

知识目标

知识目标与课程的教学大纲相关，它是在课程教学大纲的内容梳理后，学习者应达到的知识水平要求①。这里面的知识不仅仅包括传统意义上的静态知识及陈述性知识，也包括用于促进思维发展的程序性知识和策略性知识。从知识目标实现的过程看，课程的知识目标无须局限特定的知识类型。比如，在程序性知识预期成效描述时，可以包括陈述性知识。同样，知识类型也是在线临场感理论框架应用的核心要素，课程的知识目标可以通过建立教学临场感实现。

能力目标

能力目标与课程所涉及的相关能力有关，比如，组织能力、分析能力、协作能力、应变能力、写作能力、表达能力、分辨能力与使用信息的能力，计算机操作，数据处理等②。能力目标是高阶思维的一种表现形式，跟知识目标不同，能力目标通常需要相应的预期学习成果进行呈现。能力目标与知识目标相辅相成，能力目标的达成是建立在知识目标达成的基础之上的，学习者利用教学临场感完成知识习得，在社会临场感以及情感临场感的支持下逐步形成自身的能力。

素质目标

素质是人在先天禀赋的基础上通过教育和社会实践活动发展形成的人的主体性品质，即人的品德、智力、体力、审美等方面品质及其表现能力的系统整合③。素质目标是课程的育人过程，彰显课程的育

---

① 余建波：《一流课程建设：课程目标如何写?》（https://mp.weixin.qq.com/s/Ekb8x18A7uPCeD9KJfl3sg）。

② 余建波：《一流课程建设：课程目标如何写?》（https://mp.weixin.qq.com/s/Ekb8x18A7uPCeD9KJfl3sg）。

③ 余建波：《一流课程建设：课程目标如何写?》（https://mp.weixin.qq.com/s/Ekb8x18A7uPCeD9KJfl3sg）。

人价值，是在知识传授和能力训练的过程中逐步养成的。素质目标是一种高阶的归纳，它是学习者在认知过程中逐步形成的，素质目标的达成离不开认知临场感的建立以及学习临场感的调节作用，学习者在不断努力的过程中形成了自身的素质。

二 教学资源

教学资源是课程目标实现的重要支撑，也是实现以学生为中心的基础。为了促进学习者的线上学习效果，线上教学的资源需要满足两个特征：一是教学资源的优质性，二是教学资源的适用性。

教学资源的优质性

优质的教学资源能够吸引学生的学习兴趣，激发学生的学习动机，促进课程目标的实现。教学资源的优质性主要表现在三个方面：一是资源层级高，比如国家级和省级精品开放课程中的课程资源，这些资源是对教育者长期教学经验的凝结，能够满足学生的自主学习需要；二是资源内容新，优质的教学资源需要凝练学科前沿的研究成果；三是资源画质好，优质教学资源画面要清晰美观，通过视觉表征手段，对教学资源内在的知识内容进行可视化呈现。

教学资源的适用性

教学资源的适用性是指教学资源能够满足学习者多样化的学习需要，教学资源的适用性主要表现在四个方面。

1. 资源内容适用

混合学习不是完全在线学习，完全在线学习需要教育者将全部教学内容使用线上完成。事实上，线上教学环节对复杂内容的呈现，远不如课堂教学便捷。混合学习的线上教学内容更适用于一些基础性内容，以陈述性知识为主，这是性价比较高的教学形式。

2. 资源总量适用

线上教学资源的总量应考虑学生课程学习的整体付出。当前，混合学习的普遍做法是向学习者提供一门完整的线上课程，没有着重考虑线上与线下的互补问题。对于学习者来说，如果让他们系统学习完一门完整的课程，这个工作量是巨大的。当学生线上学习付出总量没有得到相应的回报时，学生会选择浅层学习，加快完成相关的任务点，这会影响学习的深度和质量。

3. 资源类型适用

当前线上学习资源主要以微课视频的形式进行呈现，微课视频本身也是教育者宣讲的一种形式。但固化的讲解形式以及工厂化的制作模式限制了教育者的讲演能力，微课视频的教学效果不如教育者的课堂教学效果。学习者在观看视频后，对教学内容可能只是形成了初步的印象，并没有记住太多的内容。因此，教育者需要在微课视频的基础上完善课程教学资源体系，比如电子教材、拓展资源、教学课件、习题等。

4. 资源逻辑适用

对于教育者来说，微课视频、电子教材、拓展资源、教学课件、习题等教学资源不能简单地堆砌在一起，他们需要与课程知识体系的逻辑结构吻合。教学资源的简单堆砌常常会导致知识内容的重复讲解，在没有明确学习目标的指引下，学习者漫无目的地学习重复的内容，同样会影响学习的深度和质量。对学习者来说，在学习目标的指引下，使用具有逻辑意义的学习材料，他们才会更容易进行有意义的学习。

为了让教学资源更具有逻辑性，教育者需要明确各类教学资源的定位及功能。首先是制定学习目标，教育者需要按照课程目标的要求，让学习者带着目标进行学习，明确学习者学习时会用到哪些教学资源，这样的学习才更有针对性。其次，让学习材料更具有逻辑意义，向学习者依次呈现学习目标、微课视频、电子教材、讨论反思、习题测验、拓展资源、教学课件等资源。

微课视频主要适合基础性讲解，这是由视频的非暂留性和固化讲解形式决定的。为了更好地让学生对知识内容进行深入理解，教育者可在微课视频讲解的基础上，对教学内容进一步细化，形成电子教材。当学习者对教学内容全部掌握后，教育者可以针对教学内容的重点和难点，以讨论的形式，让学生参与，促进学生对知识的理解和反思。此外，教育者还可以安排一定量的习题检验学习者的知识掌握情况，通过拓展资源，提升课程教学的广度和深度，促进学生的个性化发展。最后，教育者通过教学课件对课程教学的内容进行提炼和回顾，帮助学习者系统掌握课程教学的整体内容，促进线上和线下教学内容的有效衔接。

三 教学活动

在混合学习过程中无论是线上还是线下都需要教学活动的支持。教育者要明确哪些活动用于线上教学，哪些活动用于线下教学，以及两者之间如何衔接。

线上教学活动

线上学习不等于自主学习，为了更好地促进教学资源的有效应用，教育者需要为学习者安排相应的线上教学活动。比如，任务驱动、知识呈现、习题测验、讨论反思等。

1. 任务驱动

任务驱动是教育者在学习目标的引领下，向学习者明确具体的学习任务。比如，每次课需要完成教学资源中的任务点数量、相应的学习方法、最终的学习成果形式以及在学习过程中遇到问题的解决途径等。教育者可以采用学习任务单进行任务驱动，学习任务单是动态变化的，教育者需要根据每节课的教学进度以及学生的学习状态进行调整，使用课程"通知"发送给学生。

2. 知识呈现

知识呈现是指学习者按照学习目标或学习任务单的要求，完成教学资源中任务点的学习。在知识呈现过程中教育者需要兼顾学生的个性化发展，留给学生一定的自主权。对于学习基础好的学生，他们可能不需要严格按照微课视频、电子教材、讨论反思、习题测验的流程，即可掌握课程内容。教育者要允许学生根据知识掌握情况和学习风格进行学习。比如，学生可自定义视频的播放速度，允许他们对视频播放进行拖拽选取。此外，教育者可适当降低视频学习时长的通过率，给予学生更大的自主权，让他们将更多的精力用于自己感兴趣的内容，提高课程学习的深度和质量。

3. 习题测验

习题测验是学习者对知识掌握情况的验证。教育者需要确保习题资源与微课视频以及电子教材中的讲解内容相对应，这样有助于课程"教""学""评"三方面的一致性，激发学习者在后续学习过程中的努力行为。同时教育者要密切关注学习者在习题测验过程中的反馈结果，对于错误频率较高的问题，教育者应进行集中式反馈或个别化指导。习题测验的局限在于教育者习惯于以客观题的形式进行呈现，客观题的优势在于网络教学平台能够对其进行自动批阅，这样会节省教育者的时间成本。但客观题型主要用于检验学习者的知识习得情况，在能力培养方面还存在一定的不足，教育者可以将论文、报告、作品等评价形式作为学生能力培养的主要手段。

4. 讨论反思

讨论反思是学习者对高阶思维能力的提升。学习者在微课、电子教材、测验以及作业的完成过程中经常会遇到自身解决不了的问题，这些问题的提出能培养学习者发现问题并解决问题的能力。

线下教学活动

线上教学活动为课堂教学节省了大量的时间，合理分配这些时间，有助于打破线下教学的"满堂灌"或"沉默课堂"等现象。常见的线下教学活动包括案例引申、教师精讲、师生互动、生生互动、成果展示等。

1. 案例引申

案例教学是一种互动式的教学方法。案例引申有助于学习者形成分析、综合、评估、创造等高阶思维能力，教育者通过对案例的应用，让学习者回忆并应用线上学习过程中掌握的知识与技能，促进学习者的独立思考，强化课程教学的思想性和育人价值，激励学习者的努力行为，形成知识内化后的能力。

2. 教师精讲

教师精讲是教育者对线上教学内容的总结与提高。教育者利用课堂教学将学习者线上教学过程中遇到的问题，进行集中式讲解，用于澄清知识的复杂性，比如，线上测验中的疑难问题，以及线上学习的方法与态度等方面的问题。教师精讲不等同于重讲或串讲，线上教学内容的重新讲解会让学习者对课堂教学更加依赖，进而忽视线上学习的重要性。教师精讲的目的在于集中解决线上教学的难题以及及时引入学科的前沿知识，激发学生的学习兴趣，提高课程教学的创新性。

3. 师生互动

师生互动的本质是为了实现教与学的目标。从知识、能力、素质三维课程目标来看，无论教师采用的提问还是讨论，关键在于互动的内容。形式化、表演化、僵硬化的师生互动更多是一种浅尝辄止的教学形式。以问答为例，教育者抛出的问题需要具有一定意义，载入特定的情境，启发某种思考，这样师生互动才具有存在价值。并不是所有的提问都有资格上升为互动，只有当问题是开放性的、未设置标准答案时才是有意义的[①]。师生互动不是必须独立呈现的，它可以融汇到教学的各个环节中。

4. 生生互动

生生互动的价值在于促进学生的认知能力发展[②]。生生互动通常以小组合作的形式展开，小组建立的原则是组内同质、组间异质。学生通过分享原始观点，消除不同观点，解释对现象的思考，提供评论，观察他人策略，共同参与学习探究。在合作过程中对他人意见的关注、尊重，也能使学生获取更多关于学习主题的有益信息，并通过提醒与帮助同伴的过程发展出友好、互助等良好品格[③]。师生互动、

---

① 张紫屏：《师生互动教学的困境与出路》，《教育发展研究》2015 年第 35 卷第 6 期。
② 袁建林、张亮亮：《教育教学中的互动何以影响大学生能力发展——院校归属感的中介作用分析》，《大学教育科学》2020 年第 4 期。
③ 张紫屏：《师生互动教学的困境与出路》，《教育发展研究》2015 年第 35 卷第 6 期。

生生互动是实现课程教学高阶性的重要方法，深度的师生互动和生生互动有助于学生素质的养成。

5. 成果展示

学习成果包括课堂学习成果、单元学习成果和课程学习成果，具体表现形式有课外作业、考试及随堂测验、标准化考试、研究项目、学期报告及论文、学生参与讨论情况、评定量表、案例研究及相关分析、艺术表现（作品）等[①]。成果展示的目的并不是为了让学生对成果进行单纯介绍，而是为了促进学习者对学习成果的反思和批判。对于制作者来说，他们可以对成果的完成过程进行总结，分析其中的不足之处，寻求改进的方法。对于观看者来说，他们可以对同伴的成果进行反思，将其与自己的成果进行对比，借鉴同伴成果的优点，规避其中的不足。成果展示有助于诠释知识的方法性，学习者通过对学习成果制作过程的反复迭代，提升他们的能力。

四 学习方式

教学活动的实施是为了促进学习者学习方式的转变，学习者的学习方式包括表层学习和深层学习两种形式，结合课程目标在知识、能力、素质三个层面，学生的学习方式需要由表层学习转变为深层学习，这也是混合学习成功与否的关键。

表层学习

表层学习方式源于最小代价的学习目的。如果将课程学习比作一个立方体，立方体的表面积是表层学习，它影响学习的广度，立方体的高是深层学习，它影响学习的深度，好的教学需要在保持深度的基础上，增加表面积。对于教育者来说，课程学习的总体积越大，代表学生学习的总量越多，学习的收获感越大，但必须是有限度的。

课程是通过学分数量进行衡量的，对于学习者来说，他们需要适

---

① 申天恩、申丽然：《成果导向教育理念中的学习成果界定、测量与评估——美国的探索和实践》，《高教探索》2018 年第 12 期。

当分配精力，完成各门课程的学习，如果某个课程的学习任务过重，可能会影响该课程的学习深度。比如，有些学生的学习目的就是通过考试，那么他们很可能追求从表面上满足课程要求；有些学生知识基础薄弱，不具备深入理解课程任务的能力，他们也会停留在表层学习。此外，教育者的功利主义教学观也容易导致学生的表层学习，对于学习者来说，表层学习远比深层学习容易实现的多①。

表层学习不仅会出现在传统教学中，混合学习也同样如此。由于线上教学缺少足够的监督机制，线上的表层学习远比传统课堂教学更加严重，这也是线上学习或混合学习被普遍诟病的地方。

深层学习

深层学习的发生源于课程知识、能力、素质三维目标的实现。学习者在知识习得的基础上，将其知识内化为能力，并逐步形成相应的素质，这就需要学习者采用相应的深层学习方式。深层学习的发生需要满足两个条件：一是学习者需要具有实现有意义学习的倾向，当学习者采用深层学习时，会获得一些积极的体验，比如感觉到有趣、重要、富有挑战、心情愉悦等，学习者对学习内容具有强烈的兴趣以及将事情做好的决心；二是学习者具备一定的学习背景以及逻辑结构合理的知识，这样学习者才能够从基本原理出发，聚焦于更高层次的能力培养。

深层学习需要教育者调整相应的教学策略：一是教育者要清楚课程内容的内在结构，在线上教学过程中向学习者提供具有逻辑意义的学习材料，激发学习者深层学习的兴趣；二是在学习者现有知识结构的基础上开展建构教学，比如任务驱动、项目学习、案例教学等活动，在教学过程中了解并且帮助学生排除错误的想法，允许学生犯错，并从错误中学习；三是改变学业测评的方法，教学和测评都要营造积极的学习氛围，注重学习深度而不仅仅是知识覆盖的广度。

---

① ［澳］约翰·比格斯、凯瑟琳·唐：《卓越的大学教学》，王颖等译，复旦大学出版社2015年版，第86—87页。

五　教学评价

学习者由表层学习向深层学习的转变需要教学评价的支持。教学评价在教与学的过程之间建立起了直接联系，从某种意义上来看，课程目标是教学评价的逻辑起点，教学成效是教学评价的逻辑终点。

评价方法

从教、学、评一致性的视角来看，如果学业评价方法没有跟课程目标保持一致时，往往诱发学习者的表层学习，如果学业评价方法支持课程目标实现时，则能激发学习者的学习动机，促进教、学、评的一致性。比如，教育者在课程教学中的总结性评价权重高，那么学习者考虑得最多的是如何通过考试或拿高分，他们的学习方式将更多地是以记忆为主。如果教育者将学习者预期学习成效的评价方式设定为低水平的识记事实和静态知识的复述，则会进一步加强学习者的低阶学习行为[①]。

评价方法与课程目标以及期望学习成果相适应。教育者从课程目标出发制定评价方法，围绕知识、能力、素质三个层面，将课程目标细化为具体可操作的学习目标。通过学习目标的梳理，教育者向学习者解释知识的掌握程度以及相应学习成果的质量，让学习者明确课程学习的可预期学习成果。如果学习目标是对学生高阶思维能力的培养，那么评价就不能是简单的单选、多选、填空、判断等标准化试题，而是采用相应的学习成果进行评价，比如作品、论文、报告等。

教学评价方法关注的不仅仅是学生的学习成绩，更多层面是与课程目标对应的学习成效，它们从低阶到高阶涵盖了不同方面，"即学生初期的整体学习感知到中期的学习制品与技能应用，再到关键能力与必备品格的养成"[②]。教师教学的高投入、高阶学习成效、教学评

---

① ［加］兰迪·加里森、特里·安德森：《21 世纪的网络学习》，丁新主译，上海高教电子音像出版社 2008 年版，第 5—6 页。

② 牟智佳、刘珊珊、陈明选：《循证教学评价：数智化时代下高校教师教学评价的新取向》，《中国电化教育》2021 年第 9 期。

价方法之间是逻辑统一的，通过教学评价方法的改革，能够促进教育者教学的高投入与学习者的学习成效之间的转换。

评价参与

在课程目标的引领下，教育者教学高投入的首要目的是促进学习者的高参与，在传统教学中教育者对课程教学的过程性评价多采用质性模糊评价手段，如课堂观察、提问、作业批阅等方法。教师缺少对整个教学过程的持续性追踪，他们无法根据动态的学习评估结果对教学进行实时调整，难以对课程教学进行精准把握，这也间接导致了教与学的分离。随着大数据学习分析以及智慧教学工具的应用，基于数据驱动的教学评价，为课程目标、教学活动、教学评价、教学效果之间的统一提供了可能。网络教学平台和智慧教学工具为教育者提供了学习者的学习频次、任务点的完成情况，讨论的参与情况，测验、作业、考试的成绩分析以及课堂教学活动的参与情况。这些数据覆盖了课程学习的主要环节，呈现了课程教学活动序列的主要特征，反映了学习者课程学习的参与情况，这有助于教育者对线上线下教与学的活动进行关联与重组。

评价质量

网络教学平台的学习行为数据并不是全部适用于学习者学习绩效的质量评价。一些数据的产生跟学习质量之间没有必然联系，比如登陆次数、签到次数、发布的讨论数、参与的讨论数等。如果教育者将这些数据作为评价权重，很可能会导致学习者功利主义的学习倾向。他们只是策略性地完成教育者规定的任务，比如，频繁地刷数据，机械化的学习等。

学习绩效的质量评价通常是定性的，这就要求教育者对学习数据的质量提出更高的要求。第一，教育者可根据讨论话题的质量直接给分，这样可以激励学习者对话题进行深入分析。第二，采用基于课程知识体系或者基于教学时间轴的线性讨论，通过创设教学情境，聚焦讨论话题的质量。第三，教育者设计讨论话题的评价标准，通过营造积极的讨论氛围，提升话题讨论的质量。同时，教育者要避免对讨论进行过多的干涉，无处不在的评价可能会导致学生认为讨论不过是"教师的工具"，而不是为了满足个体或小组学习进行的创造或纠正错误①。

评价活动

对于教育者来说，他们既是学习活动的推进者，也是学习成果公平的仲裁者。无论教育者采用哪一种评价活动都存在方法论方面的不足，学习者在了解课程教学评价的量规后都会表达出一定程度的不满。比如，学习者会抱怨以讨论作为成绩评定的依据，他们认为讨论参与跟成绩没有太大的联系。此外，他们也会抱怨同伴互评的准确性，他们在自我评价中对自己给予较高的成绩，却对同伴的作品相对挑剔。同时，缺少监督的线上测验也无法保证学习者成绩的真实性。事实上，这些消极现象也正是我们课程育人目标所需要解决的问题。

教育者需要根据课程目标的等级合理安排评价活动，通过综合运用多种评价手段减少单一评价活动的局限性。在知识层面，设计任务点学习、测验、考试等评价活动，任务点学习用于考核学生知识点的完成程度，测验用于考核知识点掌握的准确程度，考试用于考核知识点和能力点掌握的全面程度。在能力方面，设计作业、同伴互评、教师批阅等评价活动，作业用于考核学习成果的质量，同伴互评用于提升学习者批判性思维和创新性思维的能力，教师批阅用于确保同伴互评结果的准确性。在素质养成方面，设计签到、研究报告、案例点评、小组评价的评价活动，帮助学生树立正确的学习态度、价值观以及终身学习的姿态。

第二节　混合学习的实施策略

通过对课程目标、教学资源、教学活动、学习方式、教学评价方法等方面的再设计，为混合学习奠定了实践基础。由于在线课程在目

---

① 牟智佳、刘珊珊、陈明选：《循证教学评价：数智化时代下高校教师教学评价的新取向》，《中国电化教育》2021 年第 9 期。

标、资源、活动、评价等环节的连续性，混合学习的实施应以线上学习为主，关键点是实现课程教、学、评的一致性。通过对在线临场感理论框架的维度和结构指标的内涵梳理，混合学习的实施主要包括三个层面：一是建立网络学习空间中的教学存在，二是加强师生与生生之间的生态互动，三是促进学习者高阶思维能力的发展。

一　建立网络学习空间中的教学存在

混合学习本身并不能实现课程教学的高质量发展，它只是提高课程教学质量的催化剂，为教师教学的高投入提供更多行之有效的方法。在混合学习环境中教师的高投入主要体现在线上部分，利用高强度的教学临场感支持知识目标的实现，为能力目标和素质目标奠定基础。

完善课程组织与设计

课程组织与设计的目的是为了在网络学习空间中向学习者提供结构化的学习材料，比如，学习目标、微课视频、电子教材、教学课件、作业、习题测验，讨论话题等，主要包括如下策略。

策略1：制定学习目标

学习目标是学习者线上学习的逻辑起点，学习目标、教学目标、课程目标的定位层级不同。课程目标是在宏观层面指导整个课程，教学目标是对课程目标的细化，多用于指导某一节课的教学过程，由教育者制定，教育者和学习者共同完成，建立后较少改动。学习目标是在教学目标的基础上，根据学情现状，由教师代替学生或师生共同制定，由于学生的能力和基础不同，学习目标可进行动态调整。教学目标面向知识、能力、素质等多个层面，而学习目标则可以聚焦在知识和能力层面，情感、态度、价值等方面的目标可融入具体教学过程中实现。

学习目标可以在线上教学环节中直接呈现给学习者，使其更具有可操作性。首先，在学习目标的描述方面，教育者需要使用学习者能够理解的语言，对学习目标进行阐述。其次，学习目标的定位是由章节、单元、专题的具体内容决定的，无须局限在知识、能力、素质等方面的单项描述。最后，学习目标需要尽可能地向学习者明确可预期的学习成果，让学习者带着预期学习成果进行学习。

策略 2：开发学习材料

学习材料是学习者进行混合学习的基础，学习材料的制作需满足结构化和逻辑化两个特征。结构化是指学习材料需要体现微课视频、电子教材和拓展资源等组成部分。逻辑化是指这些材料之间呈现一定的逻辑关系，彼此间是相辅相成的递进关系。具体来说，微课视频适用于课程教学中基础性知识点或陈述性知识；电子教材是教育者在视频讲解的基础上，对教学内容的细化，促进学习者学习的精细化；拓展资源是对知识点的延伸，提高课程内容的广度和深度，促进学习者的个性化发展。

所有学习材料中微课视频的制作难度最大，尽管从学习效果来看，含有教育者形象和不含有教育者形象的视频之间并没有显著差异，但视频中包含教育者形象能够增强学习者的临场感效果，这种方式得到了管理者、教育者、学习者的普遍认同。但含教育者形象的视频提高了课程资源的制作成本，从学习效果的角度看，教育者也可以引用一些具有一定适用性的视频资源，同时，也可以使用软件生成的制作方法，降低微课视频的制作成本。

策略 3：设计讨论话题

讨论话题是对线上学习材料的内化与思考。在课堂教学中，教育者可以对一些疑难点，通过提问的方式，了解学生的掌握情况，但这种方式会占用一定的教学时间，尤其是在大班教学中，教育者较难照顾到每一个学生的状态。在线上教学过程中，教育者可以结合学习者的知识能力和背景，针对学习材料的重难点，有针对性地设计反思性话题，促进学习者的知识内化过程，加强学生对知识的记忆、理解和应用。

策略 4：编制习题与题库

习题与题库是对线上教学内容的全面检测。教育者可以使用单选、多选、判断、填空等客观题型进行题库建设，这些题型的优势在于网络教学平台能够对其进行自动批阅。习题与题库应用的主要目的是让学习者能够自主检测知识的掌握情况，巩固学习者对学习材料和话题反思的学习效果。教育者需要为习题提供一个清晰的答案，帮助学习者对错误的知识理解进行及时校正。

策略 5：提供课堂教学课件

课堂教学课件是线上线下融合的关键，它是对课程教学内容的总结和提高。课堂教学课件的制作需要满足两个条件：一是对课程教学的重难点进行归纳，二是对课程教学的前沿内容进行更新。前沿内容能激发学生的学习积极性，适合教师在课堂教学中讲授。教育者通过课堂教学对前沿内容进行检验与提炼，能够更好把握这些内容，在新的教学周期中再将其整合到课程学习材料中，这有助于课程线上资源的良性循环，促进线上和线下教学内容的衔接。

实施高质量对话

对话是教学互动的基础，没有交流互动就没有真正的教育[①]。高质量对话是课程教学活动的重要环节，实施高质量对话的关键是处理好面向知识的预置性讨论与面向能力的生成性讨论之间的关系。

策略 1：预置性话题

预置性话题是教育者在课程教学设计过程中形成的，它是面向知识的讨论。为了促进学生对知识内容的内化，提高他们的参与度，教育者可在课前直接将其放置在课程教学模块中，作为线上教学活动的组成。预置性话题类似于课堂教学中的提问环节，多数是面向知识的讨论或拓展，话题建立的目的是让学习者对知识进行巩固、归纳、理解与反思。由于这些话题学习者比较容易形成标准化答案，教育者需要对其进行适当引导和干预，避免学习者对其进行重复性或复制性回复。

---

① 高江勇：《高质量本科教学的发生——为何需要及何以实现互动式教学》，《高等教育研究》2020 年第 1 期。

策略2：生成反思话题

生成性话题是面向学习者能力提升的。这些话题通常是教育者在课堂教学后，结合学习者预期学习成果的重点和难点，在线上教学环节建立并发起的。同预置性的话题不同，生成性反思话题通常是开放性的，没有标准化的答案，需要学习者结合自身的学习情况，进行深入反思，提出自己的问题。生成性话题能够让课程教学逐步形成反思性知识，这也是学习者进行深层学习的表现。

给予直接指导

直接指导是实现课程能力与素质目标的重要方法。比如，帮助学习者树立正确的学习动机，明确讨论参与和同伴互评的重要价值，以及获得好成绩的学习方法等。

策略1：观察学习行为

同课堂教学一样，线上教学过程中教育者想要指导学生，需要了解学生的学习状态及行为。比如，学习者线上学习的先行经验、任务点的完成进度、学习发生的时间节点、学习的投入程度，学习终端的使用、测验成绩、作业完成效率等。教育者可以按照课程教学任务的安排，及时监督学习者的学习行为，发现学习者在学习过程中的问题，明确学习者是否存在刷课行为，都存在哪些刷课行为，并分析这些行为产生的原因。

策略2：指导学习方法

教育者通过梳理课程材料的结构关系以及预期学习成果的评价方法，来指导学习者的学习方法，降低学习者先行经验对课程学习的负面影响，激发学习者的学习动机。学习方法指导主要包括两个方面：一是向学习者呈现课程知识内容的内在逻辑联系，明确学习目标中预期学习成果的主要形式以及完成方法；二是指导学习者学习任务的完成方法，比如，如何完成微课视频的学习，明确刷课行为对学习绩效的不良影响等。

策略3：解决学习疑难

学习疑难是伴随着学习者的学习过程产生的。学习疑难主要包括三个层面：一是习题测验的疑难；二是学习过程中生成的疑难；三是预期学习成果完成的疑难。对于习题测验的疑难，教育者要密切关注学习者在习题测验过程中的反馈结果，对于错误频率较高的问题，可利用课堂教学进行集中反馈或个别化指导。对于学习过程生成的疑难，教育者要及时了解学习者在讨论过程中的问题提出情况，掌握问题的疑难所在，对其进行实时指导。对于预期学习成果完成的疑难，教育者要及时关注学习者在作业完成过程中出现的问题，对其进行集中式的点评指导。最后，教育者要对学习者学习过程中的各种疑难进行阶段式归纳，加强学习者对疑难根源的反思，促进学习者的知识理解。

建立数据驱动评价

数据驱动教学评价的目的主要体现在两个方面：一是实现数据驱动的精准教学，二是支持课程教学目标的实现，确保课程在教、学、评三方面的一致性。课程目标定位的层级越高，教、学、评的一致性实现的难度越大。对于传统的知识教学观，即使不采用数据驱动的教学评价，教、学、评的一致性也容易达成。而对于知识、能力、素质三维课程目标来说，数据驱动的精准教学评价还需要教育者着重解决如下问题，即采集什么样的数据，采用哪些评价活动，评价权重及标准如何设置。

策略1：使用定量与质性相结合的数据

数据驱动教学评价的核心是数据。线上学习数据包括三种类型：一是行为数据，即定量的过程性数据，这些数据呈现的是学生学习行为的频次，比如签到、访问次数、讨论数等，主要反映的是学生的学习态度如何，即解决学生学还是没学的问题。二是客观数据，这些数据呈现的是学生日常测验的成绩以及任务点的完成情况，主要反应的是学生的知识掌握情况，即解决学习的广度问题。三是质性数据，即定性的数据，即学习成果的评价数据，比如作业成绩、作品成绩、论文成绩等，这些数据由教育者或学习者通过主观评阅产生，更多反应的是学生的能力与素质情况。

策略 2：开展适当的评价活动

为了实现课程目标，教育者需要根据数据的来源，合理安排评价活动，避免使用同质性的评价活动。比如，在学习行为频次数据方面，教育者如果采用"签到"作为评价活动，则无需重复使用"平台访问次数"作为评价活动。"签到"和"平台访问次数"具有同质性，学习者在完成"签到"的同时，也会完成"平台访问"。"签到"对于教育者来说，是可控的，它能够培养学生的学习习惯和态度。"访问次数"是教育者无法控制的，良性的"访问次数"是伴随着教学活动自动产生的，它能体现课程的活跃程度，跟学习成效之间没有必然联系，即使教育者不选平台"访问次数"作为评价活动，访问次数也会同步产生。

在客观数据方面，教育者可以选择"任务点完成""测验""线上考试"等评价活动，"任务点完成情况"能够评估学习者知识的完成规模，"测验""线上考试"能够评价学习者知识学习的质量。在质性数据方面，教育者可以选择"作业"作为评价活动，此外，教育者也可以在"测验"和"考试"等评价活动中增加主观试题，或在"讨论"中进行讨论给分，增加质性数据的比重。

策略 3：设置合理的评价权重

评价权重设置取决于课程教学的实施强度。如果教育者或管理者将学生成绩的正态分布作为评价课程教学效果的重要依据，那么课程评价权重及标准是需要进行动态调整的。比如讨论数、平台学习次数等学习行为数据，教育者需要给予一个上限的标准，这个标准需要教育者根据课程的知识点数量进行统筹安排。此外，知识、能力、素质目标的实现是一个逐渐递进的过程。当课程目标层级处于低阶水平时，行为数据比重大，他们对应的评价活动对学习者学习成绩的影响是显著的。当课程目标层级处于高阶水平时，行为数据比重会降低，质量数据会对学习成绩产生比较大的影响。一个比较理想的状态是学习者行为数据相关的评价活动总权重不超过 30%，表示课程教学实现了一定程度的高阶性。

二 加强师生与生生之间的生态互动

"互动"是当前高等教育教学改革的重点与难点，也是互联网时代人们思考与行动的逻辑核心①。互动在活动中产生，没有教学活动的支持，互动是没有持续动力的，生态互动的形成源于教育者采用什么样的教学活动。比如教育者可以在线上教学中开展任务驱动、知识呈现、习题测验、讨论反思等教学活动，在线下教学过程中开展案例引申、教师精讲、师生互动、生生互动、成果展示等教学活动，生态互动的目的是让学习者深度参与到这些教学活动中来。

建立开放式沟通环境

在学习目标的指引下学习者会按照教育者的任务安排开展学习活动。对于学习者来说，学习目的是完成学习任务。对于教育者来说，教学目的是确保学习者的学习成果质量。教育者为学习者创设一个开放式沟通的学习环境，能够帮助学习者解决学习过程中产生的问题。

策略 1：融入视频弹幕互动

视频弹幕是学习者视频学习过程中互动的主要形式。学习者在观看视频的过程中，可以随时发表自己的观点和感受。视频弹幕的互动作用主要表现在三个方面：一是有利于头脑风暴的产生，学习者在观看过程中及时分享和查看同伴的观点，在一定程度上加深了对知识的理解。二是有利于产生情感共鸣，同娱乐型短视频不同，微课视频的学习过程是枯燥的，对视频内容的吐槽，让学习者表达出喜欢或者不喜欢等情感，这在很大程度上可以减少视频学习过程中的焦虑感，提升学习者视频学习的坚韧性。三是有利于教育者改进教学设计，教育者通过收集学习者的评论内容，帮助自身改进教学策略②。

---

① 李蕉、熊成帅：《从技术到理念：抗疫背景下线上教学的再出发》，《中国大学教学》2020 年第 5 期。
② 李海峰、王炜：《弹幕视频：在线视频互动学习新取向》，《现代教育技术》2015 年第 25 卷第 6 期。

策略2：建立师生对点交流

师生对点交流是学习者线上学习互动的基础。学习者在线上学习的过程中可能会遇到一些问题，比如，学习成果中待完成的要点、任务点中需理解的疑难、习题测验的易错问题等。当这些问题出现时，学习者希望教育者能够第一时间给予权威的解答。这需要教育者向学习者明确网络学习空间中或社交软件中向教师求助的途径，当学生提出问题时，教育者需要及时给予解答。

策略3：优化异步线性讨论

异步线性讨论是线上学习互动的主要形式。异步线性讨论多数是无序的或者是自发的，讨论的重要性在于激发学习者的自我反思，促进反思性知识的生成。异步讨论与同步讨论最大的不同是它们的可追溯性。比如，教育者采用课程知识结构的讨论框架，那么学生就会容易找到自己在哪些章节遇到了问题，这些问题是如何解决的。此外，教育者也可以采用时间轴的序列，这样学习者就可以按照时序去回顾和反思自己已经学习过的内容，形成课程学习的电子档案袋。

促进情感认同

在开放式沟通的环境中，学习者能够自由地与教育者和同伴进行合作交流。当学习者处于一种舒适的、相互信任的环境时，他们更愿意参与同伴的学习进程。教育者需要调动学生参与的积极性，承认学生的贡献，使用情感化表达手段，减轻学习的焦虑感和枯燥感。

策略1：调动学生参与

学习不愿参与讨论是线上学习的一个普遍现象，其原因主要表现在两个方面：一是在开放的沟通环境中，学习者关注的重点是如何完成预期的学习成果，他们会将主要精力用于完成学习任务。二是学习者较少会主动参与跟预期学习成果无关的话题，他们只专注于解决自己的问题，而不愿公开提出问题或帮助他人解决问题。这需要教育者对学习者的互动参与进行积极引领，比如，教育者围绕学习者的预期学习成果提出一个发人深思的问题，吸引、提醒、鼓励和促进学习者参与讨论。

策略 2：承认学生的贡献

承认学生的贡献是为了更好地促进学习者参与讨论。教育者要以积极的方式鼓励学习者提出问题，帮助学习者专注于富有成效的讨论中。对于学习者提出的一般性话题，教育者要认可其在讨论过程中的贡献，鼓励他们的持续参与。对于学习者提出的建设性话题，教育者要给予点赞、置顶、精华处理或者直接给分。通过对高质量话题的关注，让学习者感受到教育者对其在情感上的认同，逐步帮助学习者提升话题的质量。

策略 3：使用情感化表达手段

学习者的线上学习过程是枯燥的，教育者应尽可能地为学习者使用各类情感化表达手段。比如，在视频学习过程中融入弹幕互动，允许学习者对视频内容进行吐槽，如不赞同、疑惑、感动、鼓掌、有趣等符号的使用。在师生点对点交流过程中教育者除了使用文字表达，还要适度使用网络用语、表情符号和语音表达，引导学习者在学习过程中表达喜悦、失望、感谢、赞赏等各种情绪，增强学习者对课程学习的情感认同。

形成群体凝聚力

对于学习者来说，教育者的帮助是他们快速完成学习任务的一个捷径。但教育者的能力和精力不足以实时解决学生提出的全部问题，教育者需要让学习者彼此间形成更多有意义的对话，营造互帮互助的学习氛围，提高群体的凝聚力。

策略 1：开展有意义对话

开展有意义对话的目的是提高学习者的参与质量。学习者参与质量不高的主要表现是重复性或拷贝话题的频繁出现，这是异步线上讨论的缺陷导致的。在异步线上讨论过程中，率先提出观点的学习者可能会让那些持有同样观点的学习者感到挫败[1]，这种现象特别容易出现在陈述性的知识性讨论中，由于讨论的核心观点比较接

---

① [澳] 约翰·比格斯、凯瑟琳·唐：《卓越的大学教学》，王颖等译，复旦大学出版社 2015 年版，第 50 页。

近，一旦有学生把标准答案呈现后，后续学生的参与难度就会比较大。因此，教育者需要将讨论的焦点逐步由知识性讨论过度到学习者的预期学习成果上。通过制定恰当的讨论标准和规范，为学习者的讨论提供更多的可能性，实现学习者讨论的关注点由知识讨论向能力讨论的过度。

策略 2：营造互助学习氛围

在线上教学过程中教育者的普遍吐槽是他们没有时间回复学习者所有的问题，这个问题的根源是现行的教育体制下教育者对学习者的学习具有绝对的权威，学习者更相信教育者出面为他们解决问题，对于他们来说，这是最快捷、最有效的解决方法。因此，教育者要营造学习氛围，通过积极示范代替全部一对一的指导，用鼓励的语气回应学生的观点或评价学生的作品。虽然教育者不能对学生的问题面面俱到，但教育者的积极回复是对学生的最大肯定。此外，教育者要发挥学生榜样示范的带动作用，鼓励学习者分享自身的知识和经验，以及彼此间互相解答问题，以便核心学习者的产生，通过核心学习者带动边缘学习者，逐步形成群体凝聚力。

策略 3：寻求达成一致的理解

一致的理解是达成问题解决的方法。学习者彼此间提出问题或解答问题能够促进学生对知识的反思和应用能力，学习者在讨论过程中时而会出现观点的偏差或者矛盾的现象，教育者需要对这些问题进行统一性指导，帮助学习者解决观点上的分歧，形成一致的理解，这有助于学习者开启新一轮的学习。

三　促进学习者高阶思维能力的发展

学习者高阶思维包括批判性思维和创造性思维，高阶思维能力培养是课程目标的重要组成。高阶思维能力的形成需要学习者付出更多的努力，在实践过程中不断对知识进行应用、反思与创新。教育者需要提升学习者的自我效能感，实施成果导向的学习设计，形成高阶思维能力。

提升学习者的自我效能感

从教、学、评一致性的观点来看，教学具有双重性，有效的教学需要将注意力从教师的教学行为向学生的学习行为进行过度。教育者不仅要关注课堂教学过程，同时也要注重培养学习者线上学习的元认知能力，帮助学习者管理自己的学习，使之成为终身学习者。学习者的这种自我效能感或自我调节能力并不会自动产生，需要教育者对其进行引导和干预。

策略1：控制学习进程

学习者的线上学习普遍存在两种错误的行为倾向：一是行为超前，即学习者短期快速完成所有的知识内容学习，这种行为的极致表现就是刷课行为；二是行为滞后，即学习者将知识内容放到期末统一完成。这两种行为的根源是传统课程教学的知识本位观所致，知识记忆是可以通过短时强化的，但从能力或素质培养的视角看，这些行为倾向并不利于课程目标的实现。因此，教育者需要提高学习者对预期学习成果的认识以及学习目标的理解，并对线上学习进程进行合理控制。

学习进程控制包括两个方面：一是对课程学习规划的控制，教育者需要将线上学习模块同课堂教学同步开启，并根据学习者任务点的完成情况，思考是否有必要将前期的课程学习模块进行关闭，来确保学生的学习进度同课程教学的整体进度保持一致；二是对教学活动的控制，教育者应该对重要教学事件建立关键的时间节点，比如，明确告知学生作业的截止日期、讨论话题的时效期限等。

策略2：适度教学干预

为了激发学习者的自我效能感和自我调节能力，教育者可以从两个方面对线上学习进行干预。一是直接干预，通过建立网络学习行为规范，向学习者明确刷课现象、低质量灌水话题以及复制话题的后果及处理办法。二是适时地使用"通知"进行教学督促，教学"通知"包括事先通知和事后通知。事先通知是教育者在课前使用，告知学习者线上教学的任务安排，对"作业"或"考试"等重要教学活动给予提醒，督促学习者做好学习计划。事后通知是教育者对"任务点"

"作业"等没有及时完成的同学，给予"督学"提醒，督促学习者调整学习节奏。

策略 3：同伴学习行为激励

同伴学习行为能够激发学习者向上的学习动能。教育者可以利用直播教学或课堂教学，让学习者观察到同伴的学习行为。比如，展示班级课程教学的整体进度、任务点的完成率、测验成绩的平均分、优秀的学习成果等，帮助学习者清楚自己在班级中的位置，激励学习者采用积极的学习策略。

实施成果导向的学习设计

成果导向的教学理念是"教为不教、学为学会"。教育者要教会学生学习，让学生"乐学""会学""学会"，要放弃传统的"以教论教"，坚持"以学论教"评价原则[1]，目标是学生学习后能取得最大能力表征的学习成果[2]。

策略 1：确定预期学习成果

实施成果导向的起点是学习者预期学习成果的界定。学习成果是学习者经历一段学习，且完成某一单位时数、课程或学程后，应该知道、了解、并能展现出来的专业知识、技能、态度与行为。学习者的预期学习成果包括有形成果和无形成果，它是学生学习历程结束后真正拥有的能力。这种"能力"外化特征包括学习经验完成后呈现的结果、用于实务的能力、解决实际问题的知识和技能、以及可能的价值观和应用于社会实践的知识或技能成果[3]。

策略 2：逆向教学活动设计

学习者预期学习成果跟课程的学习目标对应，预期学习成果的确立是对教学活动的逆向设计过程，这里需要教育者处理好培养方案、

---

① 李志义：《解析工程教育专业认证的成果导向理念》，《中国高等教育》2014 年第 17 期。

② 李逢庆、韩晓玲：《混合式教学质量评价体系的构建与实践》，《中国电化教育》2017 年第 11 期。

③ 申天恩、张思量：《成果导向教育理念中的学生学习成果表达与评量》，《黑龙江高教研究》2021 年第 8 期。

毕业要求、教学大纲、课程目标、教学目标、学习目标、学习成果之间的逻辑关系。首先，教育者在制定课程大纲时，要优先考虑培养方案中的毕业要求，明确本课程学习学生最需要掌握的能力有哪些，对课程的知识结构进行设计。其次，结合课程的整体设计和学生的知能情况，制定出合适的课程目标，依据课程目标，在教案中将课程目标细化为具体的教学目标，再结合教学目标，将其内化为学习目标，凝练出具体的学习成果。最后，重构教学活动，重点思考哪些教学资源能最有效地支持学习成果，哪些教学策略能帮助学生完成学习任务，哪些环节适用于自主学习，哪些环节适用于合作学习，如何帮助学习者达成预期的学习成果等。

策略3：评价学习成果

学习成果评价包括目标、成果、证据、准则、标准五个环节[①]，即确定学习目标、明确学习成果形式、收集学习表现的证据、制定各项证据的准则和标准。目标是指明学生努力的方向，成果是学习目标的物化形态，证据是学生学习成果的表现形式（作业），准则是期望学生作业所应具备的品质等级要求，标准是对不同等级的水准进行准确描述[②]。学习成果评价的关键是确定评价标准，评价标准需要兼顾学习者的理解。评价标准的作用体现在三个方面：一是有助于教育者改进课程教学，教育者通过评价标准的制定，能够对课程教学的知识层次和学习者的外显能力应达成的学习目标进行深入思考，促进教育者对课程内容的深层理解；二是有助于对学生的表现进行客观评估，帮助教育者评定学习者的能力和素质目标的达成程度；三是有助于学习者对同伴的学习成果进行反思，帮助教育者提升学习者的批判性反思能力和努力方向。

学习成果的评价包括三种递进形式：一是面向总结性的学习评

---

① Dianne M. Timm, "Developing Outcomes-Based Assessment for Learner-Centered Education: A Faculty Introduction (review)", *Journal of College Student Development*, Vol. 49, No. 4, 2008.

② 詹慧雪：《学习成果导向的教学设计与评量："教学原理"的实践案例》，《课程与教学季刊》2014年第2期。

价，即由教师给出成绩，对学习成果进行认证，代表性评价方式包括考试、报告、期末论文等；二是为了学习的评价，即形成性评价或诊断性评价，代表性评价方式包括课堂测验、课后习题等形式；三是评价即学习，即强调学生应积极主动参与评价过程，由学生个体自主监控学习，并从教师反馈的教学信息中调整学习内容与方式，代表性的评价方式包括学生自主评价、同伴评价及教师评价等①。

评价即学习是学习成果评价的高阶形态，成果导向的课程设计理念是将评价融入课程设计中，将习得的知识转化为可观察、能评价的能力，并收集各种证据，制定评分准则及量规，有效评估学生能力表现，以达成改善教学与学习的目的。在传统教学中教育者关注重点是学习成果评价中的目标、成果、证据（作业）前三个环节，即解决学生为什么要做、做什么、提交什么等问题。成果的准则和标准是由教育者把控，教育者运用准则和标准直接评阅学生的作业，学习者无法直接参与到成果的评阅中。

混合学习环境为学习者参与作业的评阅提供了可能，教育者以学习者能够理解的形式，在线上教学环节呈现成果的准则和标准，可以激发学习者的自我效能。比如，学习者将成果准则的最高等级作为目标，他们会对相应的评价标准进行细致考量，将其融入到学习成果的制作中。此外，在同伴互评的过程中，学习者会将自身的制作体会，融入到相应的准则和标准中，通过运用准则和标准的要求以及批语的撰写，对同伴的作品进行分析、反思、评价，这本身也是一种学习过程。

形成高阶思维能力

高阶思维的发展跟成果导向是一脉相承的，高阶思维能力是在学习者预期学习成果的完成过程中形成的。根据布鲁姆认知目标点的分类，低阶思维包括记忆、理解、应用三个层级，高阶思维包括分析、

---

① 申天恩、张思量：《成果导向教育理念中的学生学习成果表达与评量》，《黑龙江高教研究》2021 年第 8 期。

评价、创造三个层级，高级思维是在低阶思维的基础上建立的。布鲁姆认知目标的分类将高阶思维能力的发展与课程教学有效整合起来，为教师评价自我的教学是否有利于促进学习者的高阶思维能力提供了一种便利的图式[①]。

策略1：在探究中促进"分析"

"分析"是将学习内容或预期学习成果划分为不同的部分，"分析"的目的是为了促进知识的"理解"与"应用"，它常发生于学习者对预期学习成果的准备阶段。为了更好地促进学习者的"分析"，教育者需要向学习者明确预期学习成果中的重要任务或核心问题，告知学生在探究过程中应当注意什么，抓住问题解决的关键所在。对于普遍性问题，教育者可以给予集中式指导，比如，教育者需要模仿专家解决问题的过程，向学生展示一位（或多位）专家是如何解决类似问题的真实过程，对学生进行启发引导，督促学生做好作业，阐明观点，帮助他们完成学习成果[②]。对于特殊性问题，教育者要给予一定程度的一对一指导，比如，教育者可以采用线上案例研习等活动，通过对预期学习成果相关案例的分析，引导学习者在预期学习成果完成过程中发现问题。

策略2：在合作中形成"评价"

"评价"是学习者在"分析"的基础上，对预期学习成果的相关案例进行批判性反思，形成自己独到的见解，做出相应的决策，它常发生于学习者对预期学习成果的设计阶段。学习者通过对预期学习成果的完成过程进行研判，反思自身能力的不足，产生新的疑问或困惑，向教育者或同伴进行求助，对教育者或同伴的观点进行反思性思考。由于学生的能力存在差异，通过交流讨论、思想碰撞，可以相互

---

① 王帅：《国外高阶思维及其教学方式》，《上海教育科研》2011年第9期。

② 何克抗：《教学支架的含义、类型、设计及其在教学中的应用——美国《教育传播与技术研究手册（第四版）》让我们深受启发的亮点之一》，《中国电化教育》2017年第4期。

促进，以便达到更高层次的思维①。为了更好促进学习者"评价"方面的思维发展，教育者要监控学习者的学习行为，对学习过程进行引导和反馈，帮助学习者解决学习过程中的各种困难。比如，建立线上讨论的答疑区，让学习者进行互助学习，或者建立学习小组，让学习者进行合作学习。学习者通过理解他人的观点，修正自己的观点，进而达成协商性共识，完成认知交换的过程，最终对事件形成一个有意义的解释或方案。

策略 3：在应用中实现"创造"

"创造"是学习者在"评价"的基础上，运用已经掌握的知识，通过新的想法或方案，完成预期学习成果的创作。学习者预期学习成果的完成过程是一个反复迭代的过程，它需要学习者不断地进行"分析""评价""创造"和"修正"，"创造"的关键在于学习者形成新的观点后并将其应用到问题解决的过程中。即便是在预期学习成果完成后，教育者仍可采用成果展示或同伴互评等方法，让学习者对同伴的作品进行分析与评价，反思自己的作品，在实践中检验和修正新知识，决定是否开启新一轮的探究。

第三节　混合学习的反思与展望

回顾混合学习 20 余年的发展，无论是早期的网络教学，还是后来的翻转课堂教学，人们关注的重点始终围绕着混合学习的技术实现、模式构建、深度学习方法、学习效果提升等方面。随着技术环境的成熟，混合学习将逐步走向一个泛化的过程，特别是人工智能技术的应用，有形技术将会融入到混合学习的各个环节中，混合学习将慢慢地成为人们教学习惯或教学需要的一部分。

---

① 何克抗：《教学支架的含义、类型、设计及其在教学中的应用——美国《教育传播与技术研究手册（第四版）》让我们深受启发的亮点之一》，《中国电化教育》2017 年第 4 期。

一 回归教学本源的混合学习

技术创新的发展、教师教学能力的提升以及数字化进程的推进，使得混合学习的应用将逐步回归到课程教学的本源。这一发展过程将同多媒体教学类似，在多媒体教学初期，教育者投入大量的精力用于制作精彩的多媒体课件，期待通过多媒体课件提高课堂教学的效果，技术是多媒体课件制作的核心要素，多媒体课件成为课堂教学效果评价的重要指标。随着多媒体教学的发展，人们将目光再次聚焦到课堂教学的整体效果，而不是单一课件的精良与否，多媒体课件的技术属性服务于媒体属性，多媒体课件成为课堂教学的组成部分。未来的混合学习也将是同样的发展过程，两者之间的区别在于多媒体教学更多聚焦于课堂教学，而混合学习则更多聚焦于课程教学。

随着智慧教室环境、智慧教学工具以及学生智能终端的普及，在数字时代的混合学习必然是一种全新的教学形式，混合学习的重点已不再是线上和线下的混合，而是如何更好地支持课程目标的实现，混合学习的复杂与否更多地取决于教育者对课程目标的定位。如果教育者将课程目标定位于学习者高阶思维能力以及素质的培养，那么混合学习的方法将会体现出更大的价值。如果教育者将混合学习只是作为课堂教学的延伸，而没有试图改变课程目标的定位，那么再复杂的混合学习方法，也只能停留在表面应用，正如再精致的多媒体课件也无法弥补教师教学方法的不足。

从广义上来说，本书提出的在线临场感理论框架是面向数字时代的混合学习教学法，它已经突破了线上线下的界限。随着数字时代的到来，课堂教学、直播教学、线上教学都只是课程教学的一种形式，"混合"的关键是为课程教学找到最佳的结合点，线上和线下均可以作为在线临场感理论框架的实现途径。对于教育者来说，数字时代的课堂教学中同样可以实现学习者的教学、社会、情感、学习、认知等方面的投入。考虑到课堂教学的不确定性以及教师讲演的重要性，课堂教学的有限时间并不适用在线临场感理论框架的全部应用，教育者可根据教学活动的安排，围绕教学目标进行选择性应用。

如果教育者将全部学时用于课堂教学，他们可能没有足够的时间和精力去实现在线临场感理论框架的全部功能。在这种情况下，教育者可以优先建立网络学习空间的教学存在，承担教育者的部分职能，比如在线课程的建设，知识讲解、习题测验等。同时，教育者也可将理论框架中师生互动和生生互动的功能以及高阶思维能力培养等方面，移植到课堂教学中完成。由于课堂教学的学时充裕，教育者可根据课堂教学的实际情况，合理使用智慧教学工具开展线上互动。考虑到手机或 PAD 终端的双面性，智慧教学工具的教学效果更多地取决于教师的教学风格和教学把控能力，智慧教学工具的有效应用对教育者来说是一个挑战，同时，也需要教育者和学习者在未来很长一段时间内逐渐接受和适应。

如果教育者选择了混合学习形式，并且为混合学习分配了相应比例的线上学时。在大多数情况下，教育者是因为课堂教学不能满足课程教学的需要，才会选择这种混合学习形式。在当前教学体制下，这种混合学习形式对于教育者的线上教学能力是一个挑战，教育者需要保证线上学时的有效性，对混合学习效果进行监督。教育者可以使用在线临场感理论框架及其实施路径开展教学，通过优质教学资源的建设，承担教育者的基础性教学职能，同时，通过适度的教学干预，培养学习者的线上自主学习和合作学习习惯。比如，学习场景的签到，学习规范的建立，面向成果导向线上学习主线的确立，以及面向高阶思维能力培养多元评价标准的实施，这些都是教育者在混合学习实施过程中要解决的难点。

如果教育者选择了完全线上模式，当然这种模式在正规学校教育中并不常见。这需要教育者将在线临场感理论框架的实施路径整体应用到线上教学过程中。在这个过程中需要教育者投入更大的精力去建设高质量的教学资源，开展丰富的教学活动，建立多元化的教学评价体系，才能确保线上教学的效果与课堂教学效果达到实质等效。

二 教学投入与学习产出的辩证关系

长久以来，人们一直在探求应用技术来建立一种高效能的教学方法，指导教育者提高学生的学习效果。最初的计算机辅助教学，通过单机版计算机软件为学生的自主学习提供了可能性。然后是多媒体教学，使用多媒体课件提高课堂教学效果。再往后是网络教学，使用网络课程提升学生课后学习效果。再往后是翻转课堂，通过在线课程实现课前、课中、课后的有效链接。现在，人们将目标锁定在混合学习。事实上，所有的尝试都有一个共同的目的，就是通过技术拓展教育者教学投入的空间、行为和方式，帮助学习者提高学习产出。

在传统的教学观念中课堂教学是课程教学的主阵地，教育者并没有太多的准备或能力对教学空间进行拓展。随着线上教学的普及，网络教学平台以及智慧教学工具的使用、微课视频的制作都逐渐内化为教育者教学能力的构成，教育者不再需要投入额外的成本去掌握这些线上教学技能。数字时代教育者的教学投入空间将被无限放大，线上教学将同课堂教学一样，呈现高投入与高产出的对应关系。

相对于线上教学，课堂教学投入属于直接投入，产出的性价比最高。线上投入更多的是间接投入，教育者需要开发教学资源，设计教学活动及评价手段，实现教学投入。但问题是，在数字时代仅靠课堂教学已不足以支撑学习者的学习产出，在数字化教学资源的支持下智慧教室环境、智慧教学工具、数字化学习空间都是学习者的学习途径，教育者的教学投入必然由课堂教学投入拓展为数字化学习空间的投入，混合学习将是必然趋势。

混合学习效果更多取决于教育者的教学投入程度，如果教育者致力于通过混合学习提高学习者的全面能力，那么他们就需要投入相应的努力。在线临场感理论框架为教育者的教学投入提供了解决方案，它能将教育者教学的高投入转换为相应的学习成效，确保课程教学在"教""学""评"三方面达到一致性。

三　学习者与教育者的角色重塑

在数字时代学习者的核心素养将发生转变，学习者将逐步成为技术赋能的学习者，具有数字化学习与创新的能力，具备数字公民的基本素养，成为数字学习环境中的知识建构者、创新设计者、计算思维者和创意沟通者①。随着育人目标的转变，教育者也将需要主动或被动地去重新定位自身的角色，他们将由专家型的主导者向其他角色进行转变。首先，教育者将是课程的开发者。数字时代的知识更新迭代速度将会显著提升，纸质教材的地位将逐步被弱化，为了确保课程内容的创新性，教育者需要对课程教学内容进行持续更新。教育者将不再仅仅是知识中转的传递者，更多的是学科前沿知识的集成者。教育者需要将学习者的知识、技能、素质和价值等要求，转换成相应的课程材料，并形成系统性的课程结构。其次，教育者仍然是课程教学的领导者。与传统课堂教学不同，数字时代教育者作为领导者的机会将会明显减少，教育者应积极寻求和把握成为领导者的时机，对学习者的知识、能力及素质养成提供有力的支持，激发学习者的自我效能感和自我调节能力。再次，教育者将是学习环境和学习活动的设计者和参与者。教育者应尽可能地围绕课程目标为学生提供贴近毕业要求或实际生活的活动与环境，促进学生进行深度合作，帮助学生发现问题，提升学生解决复杂问题的能力和高阶思维。最后，教育者将是教学大数据的分析者和决策者，通过数据驱动的询证评价，支持学习目标的实现。

---

① ISTE：Standards for Students（https：//www. iste. org/standards/for-students）.

参考文献

中文杂志

陈丽、王志军：《三代远程学习中的教学交互原理》，《中国远程教育》2016 年第 10 期。

陈亮、朱德全：《学习体验的发生结构与教学策略》，《高等教育研究》2007 年第 11 期。

邓国民、韩锡斌、杨娟：《基于 OERs 的自我调节学习行为对学习成效的影响》，《电化教育研究》2016 年第 37 卷第 3 期。

董利亚、冯锐：《在线学习社区培育与发展模型的构建及其策略研究》，《远程教育杂志》2016 年第 35 卷第 2 期。

冯晓英、孙雨薇、曹洁婷：《"互联网＋"时代的混合式学习：学习理论与教法学基础》，《中国远程教育》2019 年第 2 期。

冯晓英、王瑞雪、吴怡君：《国内外混合式教学研究现状述评——基于混合式教学的分析框架》，《远程教育杂志》2018 年第 3 期。

高斌、朱穗京、吴晶玲：《大学生手机成瘾与学习投入的关系：自我控制的中介作用和核心自我评价的调节作用》，《心理发展与教育》2021 年第 37 卷第 3 期。

高江勇：《高质量本科教学的发生——为何需要及何以实现互动式教学》，《高等教育研究》2020 年第 1 期。

龚朝花、李倩、龚勇：《智慧学习环境中的学习投入问题研究》，《电化教育研究》2018 年第 39 卷第 6 期。

何克抗：《教学支架的含义、类型、设计及其在教学中的应用——美国《教育传播与技术研究手册（第四版）》让我们深受启发的亮点之一》，《中国电化教育》2017 年第 4 期。

蒋志辉、赵呈领、李红霞、黄琰、疏风芳：《在线学习者满意度：教师支持行为与自我调节学习能力的同频共振》，《开放教育研究》2018 年第 24 卷第 4 期。

李逢庆、韩晓玲：《混合式教学质量评价体系的构建与实践》，《中国电化教育》2017 年第 11 期。

李海峰、王炜：《弹幕视频：在线视频互动学习新取向》，《现代教育技术》2015 年第 25 卷第 6 期。

李海龙：《基于临场感的在线教师品性特征研究》，《比较教育研究》2017 年第 39 卷第 1 期。

李蕉、熊成帅：《从技术到理念：抗疫背景下线上教学的再出发》，《中国大学教学》2020 年第 5 期。

李文、吴祥恩、王以宁、陈晓慧：《MOOCs 学习空间中在线临场感的社会网络分析》，《远程教育杂志》2018 年第 2 期。

李志义：《解析工程教育专业认证的成果导向理念》，《中国高等教育》2014 年第 17 期。

梁云真、赵呈领、阮玉娇等：《网络学习空间中交互行为的实证研究——基于社会网络分析的视角》，中国电化教育 2016 年第 7 期。

牟智佳、刘珊珊、陈明选：《循证教学评价：数智化时代下高校教师教学评价的新取向》，《中国电化教育》2021 年第 9 期。

申天恩、申丽然：《成果导向教育理念中的学习成果界定、测量与评估——美国的探索和实践》，《高教探索》2018 年第 12 期。

申天恩、张思量：《成果导向教育理念中的学生学习成果表达与评量》，《黑龙江高教研究》2021 年第 39 卷第 8 期。

特里·安德森、乔恩·德龙、肖俊洪：《三代远程教育教学法理论》，《中国远程教育》2013 年第 6 期。

汪琼：《"教学存在感"及实现路径辨析》，《现代远程教育研究》2020 年第 32 卷第 2 期。

王帅：《国外高阶思维及其教学方式》，《上海教育科研》2011 年第
　　9 期。

吴红耘：《修订的布卢姆目标分类与加涅和安德森学习结果分类的比
　　较》，《心理科学》2009 年第 4 期。

吴祥恩、陈晓慧：《国际在线临场感研究的现状、热点及趋势——基
　　于 2000—2017 年 WOS 核心数据库相关文献的知识图谱分析》，《中
　　国电化教育》，2018 年第 2 期。

吴祥恩、陈晓慧：《混合学习视角下在线临场感教学模型研究》，《中
　　国电化教育》2017 年第 8 期。

吴祥恩、王小旭、王佳：《智慧学习环境中临场投入对学习成效的影
　　响——兼论自我调节的中介作用》，《沈阳师范大学学报（自然科
　　学版）》2020 年第 1 期。

吴祥恩：《TSELC 在线临场感理论框架构建及应用研究》，博士学位
　　论文，东北师范大学，2018 年。

吴咏荷、托马斯·希·里夫斯、王志军：《网络学习中的有意义交互：
　　社会建构主义的视角》，《中国远程教育》2014 年第 1 期。

徐贲：《表情符号表现怎样的情感》，《中国新闻周刊》2016 年第
　　32 期。

杨九民、陶彦、罗丽君：《在线开放课程教学视频中的教师图像分析：
　　现实状况与未来课题》，《中国电化教育》2015 年第 6 期。

杨现民、赵鑫硕、刘雅馨、潘青青、陈世超：《网络学习空间的发展：
　　内涵、阶段与建议》，《中国电化教育》2016 年第 4 期。

殷丙山、高茜：《技术、教育与社会：碰撞中的融合发展—2017 高等
　　教育版《新媒体联盟地平线报告》解读》，《开放教育研究》2017
　　年第 2 期。

余文森：《论学科核心素养形成的机制》，《课程．教材．教法》2018
　　年 38 卷 01 期。

袁建林、张亮亮：《教育教学中的互动何以影响大学生能力发展——
　　院校归属感的中介作用分析》，《大学教育科学》2020 年第 4 期。

詹慧雪：《学习成果导向的教学设计与评量："教学原理"的实践案例》，《课程与教学季刊》2014 年第 2 期。

詹青龙、杨梦佳、郭桂英：《CIT：一种智慧学习环境的设计范式》，《中国电化教育》2016 年第 6 期。

张思、刘清堂、雷诗捷、王亚如：《网络学习空间中学习者学习投入的研究——网络学习行为的大数据分析》，《中国电化教育》2017 年第 4 期。

张煜锟、陈晓慧、魏淼：《近 20 年来教学设计国际观评述》，《现代远距离教育》2014 年第 2 期。

张紫屏：《师生互动教学的困境与出路》，《教育发展研究》2015 年第 35 卷第 6 期。

朱珂：《网络学习空间中学习者交互分析模型及应用研究》，《电化教育研究》2017 年第 38 卷第 5 期。

中文译著

［美］阿尔伯特·班杜拉：《社会学习理论》，陈欣银、李伯黍译，中国人民大学出版社 2015 年版。

［美］L. W. 安德森等：《学习、教学和评估的分类学——布卢姆教育目标分类学修订版（简缩本）》，皮连生主译，华东师范大学出版社 2008 年版。

［加］兰迪·加里森、特里·安德森：《21 世纪的网络学习》，丁新主译，上海高教电子音像出版社 2008 年版。

［美］迈克尔·霍恩、希瑟·斯特克：《混合式学习：用颠覆式创新推动教育革命》，聂风华、徐铁英译，机械工业出版社 2018 年版。

［澳］约翰·比格斯、凯瑟琳·唐：《卓越的大学教学》，王颖等译，复旦大学出版社 2015 年版。

英文专著

Akyol Z. , Garrison D. R. , *Educational Communities of Inquiry：Theoreti-*

cal Framework, *Research and Practice*, IGI Global, 2012, p. 347.

Bates A. W. , *Teaching in a Digital Age-Second Edition*: *Guidelines for De-signing Teaching and Learning*, Columbia: BCcampus, 2019, p. 38.

Dajani F. K. , *Examining Social Presence Influence on Students´ Satisfaction with Online Learning Environments*, Arizona: Northcentral University, 2014, p. 4.

Dunlap J. , Lowenthal P. , *The Power of Presence*: *Our Quest for the Right Mix of Social Presence in Online Courses*, Charlotte, NC: Information Age Publishing, 2014, p. 41 – 66.

Garrison D. R. , *E-learning in the 21st Century*: *a Framework for Research and Practice*, New York: Routledge. 2011, p. 110 – 120.

Hosler K. A. , *Examining the Effects of Teaching Presence on Student Satis-faction in Fully Online Learning Environments*, Florida: Nova Southeast-ern University, 2009, p. 78 – 85.

Kennedy S. , *Infusing Critical Thinking into an Employability Skills Pro-gram*: *The Effectiveness of an Immersion Approach*, Australia: Edith Cow-an University, 2010, p. 5.

Khoo E. G. , *Developing an Online Learning Community*: *A Strategy for Im-proving Lecturer and Student Learning Experiences*, New Zealand: The U-niversity of Waikato, 2010, p. 4 – 5.

Richardson J. C. , Ice P. , *Assessing the Integration of New Technologies in Online Learning Environments with the Community of Inquiry framework*, Bucharest: National Defence Publishing House, 2009, p. 8.

Swan K. , *Learning online*: *Current Research on Issues of Interface*, *Teaching Presence and Learner Characteristics*, MA: Sloan Center for Online Educa-tion, 2004, p. 63 – 79.

Tu C. H. , *The Measurement of Social Presence in an Online Learning Envi-ronment*, Chesapeake: AACE, 2002, p. 34 – 45.

Vygotsky L. S. , *Mind in society*: *The Development of Higher Mental Proces-*

ses, Cambridge, MA: Harvard University Press, 1978, p. 86.

英文期刊

Akyol Z. , Garrison D. R. , "The Development of a Community of Inquiry over Time in an Online Course: Understanding the Progression and Integration of Social, Cognitive and Teaching Presence", *Journal of Asynchronous Learning Networks*, Vol. 12, No. 3, 2008.

Akyol Z. , Garrison D. R. , "Understanding Cognitive Presence in an Online and Blended Community of Inquiry: Assessing Outcomes and Processes for Deep Approaches to Learning", *British Journal of Educational Technology*, Vol. 42, No. 2, 2011.

Allen I. E. , Seaman J. , "Changing Course: Ten Years of Tracking Online Education in the United States", *Sloan Consortium*, Vol. 43, No. 3, 2013.

Armellini A. , Stefani M. D. , "Social Presence in the 21st Century: an Adjustment to the Community of Inquiry Framework", *British Journal of Educational Technology*, Vol. 47, No. 6, 2015.

Cleveland-Innes M. , Campbell P. , "Emotional Presence, Learning, and the Online Learning Environment", *International Review of Research in Open & Distance Learning*, Vol. 13, No. 4, 2012.

Coll C. , M. J. Rochera, I. D. Gispert, "Supporting Online Collaborative Learning in Small Groups: Teacher Feedback on Learning Content, Academic Task and Social Participation", *Computers & Education*, Vol. 75, 2014.

Dianne M. Timm, "Developing Outcomes-Based Assessment for Learner-Centered Education: A Faculty Introduction (review)", *Journal of College Student Development*, Vol. 49, No. 4, 2008.

Garner R. , Rouse E. , "Social Presence-Connecting Pre-Service Teachers as Learners Using a Blended Learning Model", *Student Success*, Vol. 7, No. 1, 2016.

Garrison D. R. , Akyol Z. , "Toward the Development of a Metacognition

Construct for Communities of Inquiry", *Internet & Higher Education*, Vol. 17, No. 1, 2013.

Garrison D. R., Anderson T., Archer W., "Critical Inquiry in a Text-Based Environment: Computer Conferencing in Higher Education", *The Internet and Higher Education*, Vol. 2, No. 2 – 3, 2000.

Gutiérrezsantiuste E., Rodríguezsabiote C., Gallegoarrufat M., "Cognitive Presence through Social and Teaching Presence in Communities of Inquiry: A Correlational – Predictive Study", *Australasian Journal of Educational Technology*, Vol. 31, No. 3, 2015.

Irwin C., Berge Z., "Socialization in the Online Classroom", *E-Journal of Instructional Science and Technology*, Vol. 9, No. 1, 2006.

JÉZÉGOU A., "Community of Inquiry in E-Learning: a Critical Analysis of the Garrison and Anderson Model", *Journal of Distance Education*, Vol. 24, No. 3, 2011.

Jie Chi Yang, BenazirQuadir, Nian-Shing Chen et al., "Effects of Online Presence on Learning Performance in a Blog-Based Online Course", *Internet and Higher Education*, No. 30, 2016.

Joanna C., Dunlap, Geeta V. et al., "Presence + Experience: A Framework for the Purposeful Design of Presence in Online Courses", *TechTrends*, Vol. 60, No. 2, 2016.

Kanuka H., Rourke L., Laflamme E., "The Influence of Instructional Methods on the Quality of Online Discussion", *British Journal of Educational Technology*, Vol. 38, No. 2, 2007.

Kehrwald Benjamin, "Understanding Social Presence in Text-Based Online Learning Environments", *Distance Education*, Vol. 29, No. 1, 2008.

Kenny M. A., "Discussion, Cooperation, Collaboration: The Impact of Task Structure on Student Interaction in a Web-Based Translation ", *The ITB Journal*, Vol. 15, No. 1, 2014.

Liam Rourke, Heather Kanuka, "Learning in Communities of Inquiry: A

Review of the Literature", *Journal of Distance Education*, Vol. 23, No. 1, 2009.

Lu J., Hayes L. A., Yu C. S., "Improving MIS Education in an Online Learning Environment through Course-Embedded Measurement", *International Journal of Innovation and Learning*, Vol. 6, No. 6, 2009.

McIssac M., Tu C. H., "The Relationship of Social Presence and Interaction in Online Classes", *American Journal of Distance Education*, Vol. 16, No. 3, 2002.

Moon-Heum Choa, Yanghee Kimb, DongHo Choia, "The Effect of Self-Regulated Learning on College Students´ Perceptions of Community of Inquiry and Affective Outcomes in Online Learning", *The Internet and Higher Education*, Vol. 34, 2017.

Mykota D., Duncan R., "Learner Characteristics as Predictors of Online Social Presence", *Canadian Journal of Education*, Vol. 30, No. 1, 2007.

Richardson J. C., Swan K., "An Examination of Social Presence in Online Courses in Relation to Students´ Perceived Learning and Satisfaction", *Journal of Asynchronous Learning Network*, Vol. 7, No. 1, 2003.

Rienties B., Rivers B. A., "Measuring and understanding learner emotions: Evidence and prospects", *Learning Analytics Review*, Vol. 1, No. 1, 2014.

Russo T., Benson S., "Learning with Invisible Others: Perceptions of Online Presence and Their Relationship to Cognitive and Affective Learning", *Educational Technology & Society*, Vol. 8, No. 1, 2005.

Shea P., Bidjerano T., "Learning Presence as a Moderator in the Community of Inquiry Model", *Computers & Education*, Vol. 59, No. 2, 2012.

Shea P., Bidjerano T., "Learning Presence: Towards a Theory of Self-efficacy, Self-regulation, and the Development of a Communities of Inquiry in Online and Blended Learning Environments", *Computers & Education*, Vol. 55, No. 4, 2010.

Shea P. , Hayes S. , Smith S. U. et al. , "Learning Presence：Additional Research on a New Conceptual Element within the Community of Inquiry (CoI) framework", *Internet and Higher Education*, Vol. 15, No. 2, 2012.

Shea P. , Hayes S. , Smith S. U. et al, "Reconceptualizing the Community of Inquiry Framework：An Exploratory Analysis", *Internet & Higher Education*, Vol. 23, No. 5, 2014.

Shea P. , Hayes S. , Vickers J. , "Online Instructional Effort Measured through the Lens of Teaching Presence in the Community of Inquiry Framework：A Re-Examination of Measures and Approach", *International Review of Research in Open and Distance Learning*, Vol. 11, No. 3, 2010.

Shea Peter, Li Chun Sau, Pickett Alexandra, "A Study of Teaching Presence and Student Sense of Learning Community in Fully Online and Web-Enhanced College Courses", *The Internet and Higher Education*, Vol. 9, No. 3, 2006.

Shen K. N. , Khalifa M. , "Exploring Multi-dimensional Conceptualization of Social Presence in the Context of Online Communities", *International Journal of Human-Computer Interaction*, Vol. 24, No. 7, 2007.

Stenbom S. , Hrastinski S. , Cleveland-Innes et al, "Emotional Presence in a Relationship of Inquiry：The Case of One-to-One Online Math Coaching", *Online Learning*, Vol. 20, No. 1, 2016.

Zimmerman B. J. , "Investigating Self-Regulation and Motivation：Historical Background, Methodological Developments, and Future Prospects", *American Educational Research Journal*, Vol. 45, No. 1, 2008.

后　记

经过两年多的准备，书稿已经接近尾声，本书既是我们研究团队的科研成果，依托教育部人文社会科学研究青年基金项目"网络学习空间在线临场感模型建构及应用研究"（19YJC880095），也是对个人教学生涯的归纳和提炼。从教 20 余年，感受最深刻是信息技术对教育的变革，先后经历了多媒体教学、网络教学、翻转课堂教学和混合教学，时代的幸运让我们走在教学改革的前沿。至今记忆犹新的是，2001 年我和我的同事们一起走向大学讲堂，我们是学校中少数既能操控多媒体设备又能制作多媒体课件的教师之一。当时，我们的电脑还没有 U 盘等存储设备，从教的第一堂课，我们将台式机直接搬运到教室，为同学们呈现多媒体教学，那时坐在投影幕前的学生比坐在讲台前的还要多。

幸运的是，这种笨拙的教学形式没有持续太长时间，很快我们就使用刻度光盘的方法代替电脑搬运了。任教的第二学期，我们就有了第一个 16M 的 U 盘，U 盘的容量虽然不大，但完全可以解决多媒体教学的需要。随着网络技术的发展，2006 年我们开始接触网络教学，尝试制作网络课程，当时的网络课程还是一种小众的教学创新，我们使用 ASP 语言架设网络课程的后台，感受网络教学的魅力。2009 年，学校有了清华教育在线 THEOL 网络教学平台，前期的充分准备，让我们成为学校最早从事网络教学的教师。网络教学的形式也得到学生们的认可和学校的示范推广，经过多年的积累，2012 年基于网络教学平台课程教学生态链的实践研究获批省教学成果二等奖。

巧合的是，2012 也是 MOOC 的元年，慕课的兴起，引发了教育管理者对精品开放课程以及网络教学的反思，推动了翻转课堂这一新型教学形式在高等学校的快速普及。网络教学的基础让我们能够快速地切入翻转课堂教学，同时也体会到了信息技术对教学变革的挑战，翻转课堂虽然属于网络教学，但其本质同网络教学存在明显的不同，早期网络教学的资源多属于图文资料，而翻转课堂教学的资源多是微课视频，原有的网络课程已经不足以支撑翻转课堂教学。挑战也是机遇，2014 年我们完成了课程内容的重构，并获批为省精品资源共享课程。

也正是同一年，我们省在高校大范围推广基于精品开放课程的在线跨校修读学分，随着在线跨校修读学分工作的推进，我们和兄弟院校的教学团队一起进行了 4 年翻转课堂教学实践，进一步拓宽了我们课程的应用范围和教学效果。这段时间也是在线临场感理论框架的思想启蒙期，同时，也形成了一系列的研究成果。2018 年，基于在线开放课程的翻转课堂教学实践研究，再次获得省教学成果二等奖。

随着课程的持续推广，课程内容逐渐滞后学科时代发展的需要，尤其在"教""学""评"一致性方面缺少连贯性，2019 年初我们对在线课程内容的完成升级改造。2019 年 11 月，教育部实施了一流本科课程"双万计划"，结合以往的翻转课堂教学经验，我们课程创新性的提出了在线临场感教学法和教学评一致性的实施原则，很荣幸，2020 年 10 月我们的课程获批为首批国家级线上线下混合式一流课程。至此，我们再次开启新一轮课程建设的 5 年周期。

回首 20 余年的课程建设，多媒体教学为本书积累了教学资源的建设方法，网络教学为本书提供了实践起点，翻转课堂教学为本书提供了思想启蒙，混合教学为本书提供了理论升华。在撰写过程中，本书也借鉴了同仁的诸多研究成果，并一一做到引用，在此向作者表示衷心感谢。由于本人的学识有限，加上时间仓促，如有疏忽，敬请谅解。此外，书中难免会有不足之处，欢迎广大读者批评指正。

一路走来，要感谢的人很多，首先，要感谢我的导师东北师范大学陈晓慧教授，是她引领我开启对在线临场感理论框架的研究，其次，要感谢沈阳师范大学李文院长和刘天华处长以及我的同事们，是你们在 10 余年来为我们的研究提供广阔的实践环境和机遇。最后，要感谢我的家人们，在 2022 年的特殊时期，你们的陪伴与支持让我能够专心于写作，爱你们……

吴祥恩

2022 年 5 月 21 日于辽宁沈阳